파이프 목사의 청소년 부흥 이야기
청소년愛 미쳐라

파이프 목사의 청소년 이야기
청소년 愛 미쳐라

2008년 6월 30일 · 제1판 1쇄 발행
2012년 3월 10일 · 제1판 8쇄 발행

지은이 | 임출호
펴낸이 | 안병창
펴낸데 | 요단출판사

주 소 | 158-053 서울특별시 양천구 목3동 605-4
전 화 | (02)2643-9155
영 업 | (02)2643-7290~1   Fax (02)2643-1877
등 록 | 1973. 8. 23. 제13-10호

ⓒ 임출호 2008

값 10,000원
ISBN 978-89-350-1161-2 03230

이 책의 저작권은 저자가 소유하고 있습니다.
저자와 출판사의 사전 승인 없이 책의 내용이나 표지 등을 복제, 인용할 수 없습니다.

요단인터넷서점 www.jordanbook.com

파이프 목사의 청소년

부흥

이야기

청소년 愛 미쳐라

임출호 지음

요단

추천의 글 [1]

"그리스도 안에서 일만 스승이 있으되 아버지는 많지 아니하니 그리스도 예수 안에서 내가 복음으로써 너희를 낳았음이라"(고전 4:15).

　이 땅의 수많은 청소년들이 신음하고 있습니다. 그 아이들을 위해 울어줄 영적인 아버지가 절실히 필요한 이 시대에 우리는 살고 있습니다. 그 중 임출호 목사는 그와 같은 영적 아버지입니다. 청소년들을 향한 큰 사랑을 가진 목사입니다. 아이들을 향한 그의 눈물과 열정을 볼 때마다 감동하지 않을 수 없습니다. 그리고 그것을 통해 아름답게 변화된 수많은 청소년들의 모습을 볼 때마다 감사와 기쁨을 느끼지 않을 수 없습니다. 그와 함께 하기에 안산동산교회 아이들은 행복합니다.

　요즘 많은 분들이 청소년 사역은 매우 힘들다고들 말합니다. 참으로 공감합니다. 그러나 동의하고 싶지는 않습니다. 어느 시대 어느 장소든 장애물은 있습니다. 그것 때문에 우리가 주저앉은 적은 없습니다. 도전과 장애물이 있는 바로 그곳에서 우리는 하나님의 일하심을 경험해왔습니다.

　　　　이 책은 초대교회가 보여주었던 강력한 영혼사랑과 열정으로 우리를 몰아넣을 것입니다. 20년 가까운 세월을 오직 청소년만을 위해 달려온 그의 발걸음, 그의 수고를 통해 하나님이 베푸신 아름다운 결실, 그리고 유통기한이 없는 청소년 사랑을 이 책의 매 페이지에서 발견할 것입니다.

　　　　이 땅의 청소년들을 사랑하는, 또 사랑하고픈 사역자들과 교사들이, 모쪼록 이 책을 통해 한 영혼을 향한 사랑과 열정, 격려와 용기를 얻게 되길 간절히 바랍니다.

　　　　　　　　　　　　　　　　안산동산교회　김 인 중 목 사

추천의 글 2

　　　　🪶　세계 최저 출산율을 자랑하는 우리나라의 현실 속에
서 청소년 부흥은 그 자체가 매우 귀한 것입니다. 더군다나 보충 수업
이다, 학원 과외다 해서 눈코 뜰 새 없이 바쁜 청소년들에게 신앙을
지키고 교회생활을 하게 한다는 것은 여간 어려운 일이 아닙니다. 또
한 믿지 않는 청소년들을 교회로 인도한다는 것은 과거 어느 때 보다
더더욱 어렵습니다. 그래서 청소년 사역자들이 전전긍긍할 수밖에
없는 것이 오늘의 현실입니다. 이러한 어려운 현실에도 불구하고 임
목사님은 섬기는 교회마다 청소년 사역에 예외 없이 획기적인 부흥의
불씨를 일으켰습니다. 18명의 학생들이 모이는 작은 교회에서 무려
95명이 모였고, 38명의 학생들이 모이는 중형교회에서는 250명이
모였고, 500명이 모이는 대형교회에서는 1,500명이 넘게 모이는 역
사가 일어났습니다. 요즘처럼 청소년 사역이 힘든 시기에 이러한 부

흥은 그야말로 경이로운 일이 아닐 수 없습니다.

그 비결이 무엇일까? 이 책에 그 비결이 담겨 있습니다. 그는 이미 청소년 사역에 관해 여러 번의 글을 썼지만, 이 책에서는 지식적인 정보 전달보다는 자신의 사역현장의 생생한 경험담을 소개하면서 청소년 부흥의 열쇠를 이야기하고 있습니다. 그리고 17년간의 사역 노하우를 이야기로 풀어가면서 쉽고 명확하게 전하고 있습니다.

이러한 저자의 풍부한 경험담으로 쓴 감동적인 내용들이 현장에 있는 모든 청소년 사역자들에게 강력한 동기 부여를 하고, 가장 힘든 분야 중 하나인 청소년 사역의 시행착오를 줄일 수 있는 디딤돌이 되리라 믿습니다.

또한 총신대학교 기독교교육학과와 동 신학대학원을 거치면서 하나님의 일꾼으로 성장한 자랑스러운 임 목사님의 사역 행보를 기대하면서, 이 책을 청소년 부흥을 꿈꾸는 모든 교회의 사역자들에게 강력히 추천하는 바입니다. 각 교회에서 청소년 사역을 감당하는 하나님의 신실한 일꾼들이 이 책을 통해 도전받고 사역에 창조적으로 적용한다면 사역에 획기적인 부흥의 결과가 일어날 것을 믿어 의심치 않습니다. 아무쪼록 이 책이 교회 청소년 사역에 좋은 길잡이가 되고, 또 놀라운 열매로 맺어지기를 기대합니다.

총신대학교 김인환 총장

추천의 글 3

청소년들이 복음으로 행복해질 수 있는 길이 있다면 우리는 그 길을 과감히 나서야 합니다.

이 글은 이 땅의 청소년들이 행복한 교회를 만나 더없이 행복한 추억을 만들어나간 행복한 목사와 행복한 아이들의 이야기입니다. 그리고 강력한 부흥을 체험한 이야기이기에, 읽으면 읽을수록 우리로 하여금 청소년을 향한 뜨거운 열정을 불러일으키게 합니다.

먼저는 청소년들과 함께 뒹굴고 눈물 흘리는 사역자들이 보아야 할 것입니다. 이 책을 읽는 동안 이제껏 잃어버렸던 처음의 그 마음으로 돌아갈 수 있을 것입니다. 그리고 사역을 처음 시작하는 분이라면 아이들을 이해하고, 우리를 위해 목숨을 아끼지 않으신 예수님의 마음으로 아이들을 돌볼 수 있게 희생과 섬김을 배울 수 있을 것입니다.

    그리고 교사들과 부모들이 읽기를 권합니다. 골치 아프게만 느껴지는 사춘기 아이들을 이해하게 됨으로 더없이 그들을 사랑하게 될 것이며, 자녀들과 맡은 아이들을 위해 더욱 기도와 섬김으로 다가가고자 하는 마음이 생겨날 것입니다.

    모쪼록 우리가 섬기는 청소년 부서가 다시 한 번 강력한 부흥을 이루어가는 데 이 책이 쓰임 받을 것을 기대하며, 기쁜 마음으로 이 책을 추천합니다.

분당우리교회 이 찬 수 목사

추천의 글 4

　　　🍃 모세가 태어날 당시, 남자아이들은 다 강에 던져져 죽어야만 했습니다. 하지만 이것은 유대인들의 인구증가를 막기 위한 바로의 명령이 아닙니다. 하나님이 쓰시고자 했던 모세를 죽이려 한 사탄의 계략입니다. 사탄은 이러한 하나님의 계획을 미리 감지한 것입니다. 하나님은 모세의 부모를 통해 그를 살리셨습니다. 모세는 결국 죽임을 당하지 않고 하나님의 일에 쓰임 받을 수가 있었습니다.

　　　예수님은 어떠했습니까? 예수님도 두 살 이하의 아이들을 집단으로 살해하고자 했던 헤롯 왕에 의해 죽임을 당할 뻔하였습니다. 이것 또한 하나님의 아들이 태어난 것을 미리 안 사탄의 음모였습니다. 그러나 예수님은 죽임을 당하지 않고 사셨습니다. 하나님께서 큰 계획 가운데 보호하신 것이지만, 하나님의 음성에 민감했던 부모가 있었습니다.

오늘날 우리의 상황이 모세의 때와 다를 것이 없습니다. 예수님의 때와 다를 것이 없습니다. 태어나기도 전에 죽임을 당하는 수많은 아이들이 있습니다. 그 수많은 아이들과 젊은이들이 하나님을 모르고 살아가고 있습니다. 우리의 청소년들을 보십시오. 대학입시라는 제도에 매여 하나둘 교회를 떠나가고 있습니다. 폭력적이고 자극적인 세상 문화로 인해 영적인 죽임을 당하고 있습니다. 바로 사탄의 선전포고입니다. 우리 자녀들에 대한 하나님의 계획을 우리가 미처 깨닫지 못하고 있는 사이, 사탄은 우리의 자녀와 젊은이들을 집중 공격하고 있습니다. 그러나 우리는 무방비 상태입니다.

우리의 자녀들을 살려야 합니다. 모세의 부모가 그의 준수함을 보고 모세를 살렸던 것처럼 우리 또한 이들을 살려서 하나님이 사용하시는 도구가 되도록 해야 합니다. 예수님의 부모와 같이 하나님의 음성에 민감하게 반응하여 헤롯의 칼날로부터 우리의 자녀들을 살려내야 합니다.

교회가, 그리고 많은 헌신된 사역자들이 이 일에 집중해야 합니다. 특히 이들을 살리기 위해 헌신하는 많은 사역자 가운데 우리에게 귀감이 되는 귀한 사역자가 바로 임출호 목사님입니다. 임 목사님은 지난 20년 동안 오로지 청소년 사역에만 집중하면서, 교회를 떠나는 청소년들을 다시 교회에 불러들인 탁월한 사역자입니다. 그가 사역하는 안산동산교회는 젊은이들과 청소년들이 많이 모이는 교회임에 틀림없습니다. 그러나 거기에는 청소년들을 위해 눈물로 기도하고 헌신하는 하나님의 사람이 있었기 때문입니다.

이러한 목사님의 열정이 고스란히 담긴 이 책은 단순한 청소년 사역의 매뉴얼이 아닙니다. 청소년들을 뜨겁게 사랑하여 그들을 살리고자 애썼던 한 사역자의 눈물의 고백입니다. 이 책은 청소년들을 위해 일하고 있는 사역자와 교사들뿐만 아니라 청소년 자녀를 둔 부모들도 꼭 읽어야 할 책입니다.

모쪼록 청소년이 살아야 나라가 살고 교회가 살 수 있다는 것을 다시 한 번 깨닫게 해주는 이 책을 통해, 이 땅의 모든 교회와 청소년 사역에 새로운 부흥이 있기를 소원합니다.

유스미션 대표   원 베네딕트 선교사

예수는 지혜와 키가 자라가며
하나님과 사람에게 더욱 사랑스러워 가시더라

(눅 2:52)

목 차

추천의 글 4
머리말 20

1부
이야기로 풀어가는 **청소년 사역** • 32

쇠파이프 목사 34
목사님! 이것은 떡볶이가 아니에요 41
저 교회 좀 이상해! 47
눈물바다가 된 예배 54
미친 기도회 58
너 그거 받았어? 66
12시간 전화걸기 72
더러워서 나온다? 78
하마터면 전도당할 뻔 했다! 82
하나님의 부흥 87
예수에 미친 아이들 92
나는 아비이고 싶다 96
교사라는 이름의 위대함 100
꿈이 있는 백성은 결코 죽지 않는다 104

2부

108 • 이야기로 풀어가는 **청소년 마음 읽기**

- 110 처음부터 잘못된 질문
- 114 아이들은 아직도 공사 중
- 117 교복을 찢어 버린 엄마
- 121 수련회 일곱 공주
- 124 선생님 좀 바꿔주세요
- 128 친밀감
- 131 수련회 가고 싶어요
- 134 코카콜라와 아이들의 성(性)
- 139 심리적 이유식
- 143 진규의 가출
- 146 지훈이의 오토바이 사건
- 150 사랑한다는 말을 너무 늦게 배웠어요
- 154 청소년들을 대할 때 꼭 알아야 할 것

3부
이야기로 풀어가는 청소년 코칭 • 158

조직이 살아야 교회가 산다　160
생명력이 승부다　165
어떻게 적용할 것인가?　169
3년인가? 1년인가?　172
영적 발전소　176
두 번째 영적 발전소는 무엇인가?　179
학부모 기도회를 운영하라　184
리멤버 타이탄　187
새 친구를 초청하라　193
컴백　202
예스(yes) 모임　207
죽어도 좋을 수련회로 만들라　216
수동형에서 능동형으로　221
사자 새끼를 키워라　226
청소년 개척 교회를 시작하라　230

청소년 부흥 이야기 후기 • 240
17년 청소년 사역 이야기를 마치며　242

 머 리 말

　이 땅에서 자라나는 청소년들과 함께 꿈을 나누고픈 수많은 청소년 사역자와 교사들에게 현장의 이야기를 들려주고 싶었다. 용기를 주고 위로를 주고 싶었다. 17년 동안 오직 청소년 사역 하나에만 집중하여 달려온 세월, 숱한 시행착오를 겪으며 지내왔던 나의 모든 경험들이 청소년들을 위해 애쓰고 고민하는 많은 사역자들과 교사들에게 자그마한 도움이라도 되길 바란다.

　오늘날 청소년에 대한 이야기는 무성하지만 그 열매는 만족할 만한 결과에 이르지 못한 듯하다. 아니 어떤 곳은 청소년에 대한 이야기가 이미 식은 지 오래인 것 같다. 이 땅의 청소년들은 참 불쌍하다. 예전에 우리가 자랐던 시대와는 판이하게 다르다. 너무나 많은 유혹들이 아름다운 젊은이로 자라가는 것을 방해하고 있다. 참 좋은 아이들, 큰 인물이 될 수 있을 아이들이 너무 쉽게 무너지는 것을 보면서 이 땅의 청소년들에게 예수가 얼마나 필요한지를 뼈저리게 느낀다.

언젠가 아이들에게 이렇게 물었다. "너희들 받고 싶은 선물이 뭐니?" 난 아이들 수준의 선물 정도일 것이라고 생각했다. 그런데 아이들의 대답은 의외였다. "목사님, 인생을 흔들 수 있는 특별한 것을 주세요." 그렇다. 인생을 흔들 수 있는 것, 그것이 무엇인가? 바로 예수다. 아이들에게 이것을 전해 주어야 한다.

청소년 부흥을 어떻게 생각하는가? 요즘 청소년들이 교회마다 줄어든다고 걱정하는가? 그러한 걱정 때문에 만나는 사람마다 붙잡고 근심어린 표정으로 말하는가? 교회마다 청소년 부서가 죽어가니 그 흐름을 막기에는 교회가 역부족이라고 생각하는가? 마치 에스겔 골짜기의 마른 뼈를 보듯 그냥 바라보고 한숨만 쉬고 있는가? 그렇지 않다. 그들은 죽은 것이 아니다. 살아있는 생명이다. 무엇보다도 먼저 당신 안에 있는 부정적인 생각을 혁신하라! 부흥은 어려운 것이 아니다. 왜냐하면 부흥은 인간이 만드는 것이 아니라 하나님이 하시기 때문이다.

전도 또한 어렵지 않다. 구원받을 영혼을 하나님이 우리에게 붙여 주시기 때문이다. 우리가 할 일은 단지 죽도록 충성하면 된다. 그 이후에는 생명의 면류관이 약속되어 있다. 에스겔 골짜기의 마른 뼈처럼 죽은 것 같아 보여도 하나님이 일하시면 된다. 우리는 또한 이것을 믿고 사는 사람이다.

우선 교회마다 전도에 대한 열망을 가져야 한다. 개인적으로 나는 고등학교 때 처음 예수를 믿고 300명이 넘게 전도를 했다. 그리고 현재 섬기고 있는 교회의 담임목사님도 전도로 유명하신 분이다. 지금도 가까이에서 보지만 그 열정은 펄펄 끓는 용광로이다. 목사님은 한 사람에 대한 열정이 대단하다. 한 생명 구원에 전부를 건다. 아마도 그가 안산 땅에서 전도 때문에 만난 사람이 몇만 명은 족히 넘을 듯하다. 사람들이 교회는 안 나와도 목사님은 안다. 그 모습을 보면서 난 또다시 도전을 받는다.

상대가 누구이든 사랑하면 길이 보인다는 말이 있다. 한 영혼을 사랑하면 방법은 보인다는 것이다. 당신은 무엇에 미쳐 있는가? 어차피 우리는 한 생명을 구원하기 위해 부름 받은 자가 아닌가? 두려울 것이 무엇이 있는가? 생명을 걸었다면 말이다. 프로그램은 중요치 않다. 중요한 것은 그들이 돌아왔을 때, 교회가 가지고 있는 복음의 힘을 보여 주는 것이다. 교회의 교육 프로그램이나 환경으로 승부를 걸지 마라. 그것은 이미 세상 것이 우세하다. 우리의 승부는 그것이 아니다. 초대교회가 말씀 전하는 것과 기도하는 일에 전무했던 것처럼 우리 또한 가장 본질적인 일에 집중하여야 한다.

가끔 사람들이 교회에 찾아와서 프로그램이 뭔지 물어 본다. 프로그램, 그것은 두 번째다. 가장 중요한 것은 말씀과 기도다. 너무 당연한 말인가? 아니다. 해 보라! 놀라운 일을 경험하게 될 것이다. 아이들이 전도의 정수를 맛보게 되면 자연스럽게 전도가 일어난다. 아이들이 육적인 즐거움보다 영적인 기쁨을 알아가는 과정은 너무도 황홀하다. 그 이야기를 지면에 다 쓸 수가 없어 안타깝지만 생각만 해도 가슴이 벅차오른다. 부흥! 메마른 이 땅에 진실로 부흥의 바람이 불어야 한다. 하나님은 지금도 살아계시기 때문이다.

기도하라

부흥은 기도로부터 시작한다. 왜냐하면 하나님이 하시기 때문이다. 죽도록 기도해 보았는가? 정말 죽도록 하면 살 길이 열린다.

청소년 사역 초창기에 나는 21일간 정말 죽도록 기도했다. 피와 눈물을 쏟아 붓는 뜨거운 기도의 시간이었다. 그리고 21일째 되던 날 새벽에 난 듣게 되었다. 내 마음속에서 확연하고도 분명한 하나님의 음성을 말이다.

"내가 너를 부흥시켜 주리라."

바로 이 말씀을 들은 다음날이 주일 아침이었는데, 난 내 눈을 의심할 수밖에 없었다. 일 년 내내 한 명도 전도되어 오지 않던 고등부에 한 주 만에 새신자가 15명이 왔던 것이다. 그로부터 정확하게 두 달이 지나 고등부 재적이 38명에서 91명으로 부흥을 했다. 그 이후 고등부는 200명 이상으로 부흥하여 급기야 원래 건물에서는 아이들을 다 수용할 수가 없어 근처 빌딩까지 임대하게 되었다. 지금은 매년 60명에서, 많으면 85명까지 졸업생을 배출하고 있다.

다시 한 번 강조하지만 먼저 기도하라! 기도하기 시작하면 죽기 살기로 기도하라! 마치 이 시간이 마지막인 것처럼, 끝인 것처럼 기도하라. 죽기를 각오하면 살 수 있다.

한 생명에 목숨을 걸라

난 주일이 기다려진다. 왜냐하면 아이들이 보고 싶어 견딜 수가 없기 때문이다. 난 단 한 번도 아이들을 그저 학생이라고 생각해 본 적이 없다. 그들은 나에게 하나님이 맡겨주신 영적인 자녀이다. 부모로서 자식을 위해 무엇인들 못하겠는가? 목숨 걸고 사랑하면 아이들은 안다. 사랑은 느끼는 감정이기 때문에 전해질 수밖에 없다.

내가 또 목숨을 걸고 한 것은 매주 아이들에게 이슬비편지를 보내는 것이었다. 한 주에 200~250통씩 직접 내용을 쓰고 우표를 붙여서 월요일마다 우체국에 가서 붙였다. 그러기를 한 주도 빠지지 않고 7년을 해왔다. 결국 이것은 고등부에서 신드롬처럼 번지기 시작했는데, 아이들은 이러한 관심을 받아본 적이 없었던 것이다.

사랑은 관심이다. 이 일이 번지기 시작하면서 아이들은 '우리 교회 한 번 와 봐'라는 전도를 하기 시작했다. 전도는 가장 친한 친구부터 하게 되어 있다. 가장 친한 친구를 교회에 데리고 왔을 때 교회가 반드시 내 친구를 사랑으로 돌봐줄 것이라는 확신이 생기면 아이들은 자연스럽게 전도하게 되어 있다. 매주 200명의 아이들에게 12시간 이상 전화를 했다. 보통 한 아이에게 2번 정도는 전화를 했다. 전화 내용은 그 아이를 격려해 주고 이해해 주는 내용이었다.

그리고 매번 아이들의 생일을 기억하여 엽서와 전보, 전화로 축하해 주었다. 한 번은 어떤 아이가 잘 나오다가 보이질 않아서 알아보니 교회가 너무 잘해 주어서 부담스러워 못 나온다고 하는 것이다. 그도 그럴 것이 우선 한 번 안 나오면 목사가 한 번, 교사가 한 번, 학생회장이 한 번, 부회장이 한 번, 연락부장이 한 번 연락하고, 또 엽서와 휴대폰 문자메시지 등 집중 연락세례가 가는 것이다. 정말 부담스러울 듯도 하다.

이렇게 한 생명에 집중하는 사역을 하다 보니 분명히 깨달아지는 것은 생명에 집중하면 하나님이 부흥시켜 주신다는 것이다.

미쳐라

하루 종일 온통 아이들 생각만 했다. 나는 아이들에게 미쳐 있었다. 시간, 물질, 건강, 나의 모든 것을 쏟아 부었다. 한 사람이 미치니 다른 사람도 미치는 것을 발견하였다.

　전도에 대한 설교를 일 년에 여러 차례 하면서 아이들 사이에서는 전도에 대한 자연스러운 분위기가 조성되었다. 매주 아이들이 쏟아져 들어오니 새신자 담당 교사만 8명 이상이 필요했다. 결국 들어오는 아이들을 잘 챙기고, 나가는 문만 잘 닫아도 되는 것이다. 우리가 하나님의 일을 할 때 기준을 낮게 잡는 경우가 많다. 그러나 그렇지 않다. 우리는 못해도 하나님은 하신다. 목표를 높게 잡고 기도하라. 그리고 그 목적과 목표에 미쳐라. 하나님이 하시면 된다.

　모든 사람이 다 전도하는 것이 아니다. 단지 한 사람이 죽어 우리의 죄를 대신 하셨듯이 한 사람이 먼저 죽도록 헌신하면 나머지는 따라서 그 대열에 동참하게 되는 것을 본다. 당신을 향해 누가 '저분은 영혼에 미친 분이야'라는 말을 들어본 적이 있는가? 미쳐야 한다. 미치지 않고서는 할 수 없다.

함께 일어서야 한다

가르치던 아이가 미국으로 이민을 가면서 공항에서 나에게 이렇게 말했다. "목사님, 저는 천국을 보고 가요."

공동체의 모습이 어떤가가 정말 중요하다. 무엇이든지 받아들일 준비가 되어 있는가? 복음이 훼손되지 않는 범위에서는 아이들의 문화를 수용하고 이해해야 한다. 정죄는 결코 아이들의 마음을 열 수 없다.

어느 날 한 아이가 술을 엄청나게 마시고 주일 아침에 예배를 드리러 왔다. 학교 선배들 때문에 어쩔 수 없이 마셨다는 그 아이는 나에게 이렇게 말했다.

"목사님! 그래도 은혜 받으러 왔어요."

얼마나 기특한지, 이런 경우 누가 교회 올 생각을 하겠는가? 하지만 교회가 이런 모습조차도 이해해 줄 수 있을 때 간음하다 붙잡혀 온 여인처럼 아이는 은혜가 무엇인지 알 수 있으리라. 바로 그 아이가 그 해에 가장 전도를 많이 한 아이로 전도상을 휩쓴 것은 우연이 아니다.

이제 이 땅에서 일어날 부흥의 역사는 사도행전의 뒤편을 이어가야 할 것이다. 그러나 지금 세상에서는 우리 아이들을 향한 죄와 유혹의 세력이 더욱 강력해지고 있다. 그 세력에 청소년들의 꿈이 멍들어가고 있다. 이제는 힘을 합쳐야 한다. 혼자는 힘들다. 계속해서 우리의 발걸음이 힘을 얻기 위해서는 할 수 있는 한 교회 전체가 연합하여 미래교회의 주인인 청소년들을 교회로 불러들일 수 있도록 영향력을 발휘하고 자리를 마련해 주어야 한다.

그리고 청소년 전문 사역자들을 키워야 한다. 이슬람교의 교인 수가 기독교인의 숫자와 비교했을 때 훨씬 그 수가 많다. 그 이유는 무엇인가? 그들은 제사장 제도가 없다. 즉 누구든지 사역자이다. 그들은 제한된 인원이 전도하는 것이 아니라 모든 사람이 전도한다. 그에 반면 우리는 일할 수 있는 사역자가 없다. 아니 태부족이다.

한 사람이 미쳐야 하는데, 그 한 사람도 없는 지경이다. 전문 사역자를 많이 길러내는 일에 온 교회가 힘을 합쳐야 한다. 아이들에게 생명을 거는 교사가 많이 일어나야 한다.

하나님의 일하심을 어찌 이 짧은 지면에 다 풀어 놓을 수 있으랴. 너무나 행복한 이야기, 바로 하나님의 역사하심과 살아계심의 놀라운 현장 이야기이다. 그 놀라운 역사가 우리 모두의 인생 가운데, 그리고 마른 뼈처럼 황량한 이 땅의 청소년들을 이끌기에 여념이 없는 하나님의 군사들에게 힘이 될 수 있기를 바란다.

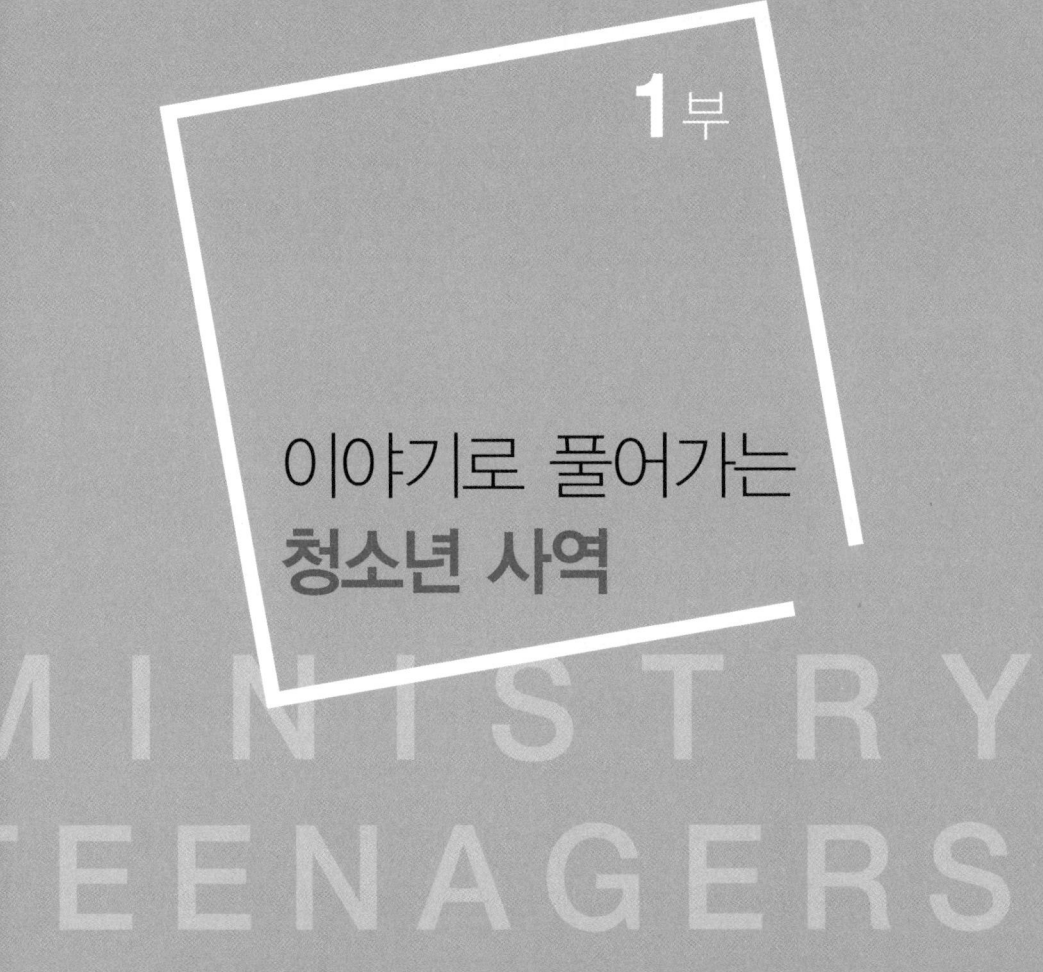

쇠파이프 목사

청소년 사역의 핵심은 관계이다. 아이들을 이끌어 가는 데 있어서 가장 중요한 것은 아이들과의 관계성이다. 관계가 이루어지면 어떤 어려운 문제도 쉽게 풀린다. 반면 관계가 없으면 청소년 사역은 아주 어려운 사역이 된다.

예전에 아이의 담배 피는 문제로 부모에게서 걱정스런 전화를 받은 일이 있었다. 부모 입장에서는 당연히 걱정되고 고민스러운 문제였겠지만, 나는 그 아이가 어떤 아이인지를 알았기에 잘 해결될 수 있으리라고 믿었다. 왜냐하면 내가 관계를 잘 맺어둔 아이였기 때문이다. 곧바로 주중에 연락하여 그 아이를 교회에서 만났다.

"○○야, 너 담배 폈니?"

이럴 때 대부분의 아이들은 쉽게 솔직한 대답을 하지 않는다. 하지만 그 아이는 나와 이미 오랜 관계 속에서 신뢰를 쌓아온 아이였기 때문에 주저 없이 솔직하게 대답했다.

"죄송해요…."

그 아이는 나와의 만남 이후 곧 담배를 끊었고, 지금까지도 건강하게 신앙생활을 하고 있다.

아이들은 정체성이 혼란한 시기를 겪고 있다. 그럴 때 주변에 누군가가 확실한 지원군이 되어 준다면 그리 흔들리지 않고 건강한 아이로 자랄 수 있다. 사실 신앙이란 누구 편에 서 있는가의 싸움이다. 우리는 분명히 하나님의 편이다. 아니 좀더 정확하게 말하면 하나님이 우리 편이다.

젊은이들의 특징은 자기가 누구 편인지만 분명해지면 거기에 목숨을 거는 경향이 있다. 청소년 사역자의 할 일은 무엇인가? 그 아이들에게 끊임없이 나는 네 편이라는 메시지를 전해주는 것이다. 그것만 분명해지면 아이들은 주를 위한 육탄 돌격대가 될 수 있다.

나는 아이들에게 어떤 존재인가? 끊임없이 아이들에게 너를 위해서라면 어떤 일이라도 할 수 있다는 사랑의 메시지를 들려주고 있는가? 내가 생각하는 것과 아이들이 생각하는 것은 분명히 다를 수 있다. 나는 많은 것을 준다고 하지만 아이들은 전혀 그렇게 느끼지 않을 수 있다. 아이를 사랑하지 않는 부모가 어디 있겠는가? 그런데도 아이들은 방황하며 부모를 향해 왜 사랑해 주지 않느냐고 외치고 있다. 이것은 우리 모두가 고민해야 할 문제이다. 우리 쪽에서는 계속해서 사랑을 외치고 있지만 아이들 쪽에서는 전혀 들리지 않을 수도 있다는 말이다. 왜 그런가? 그것은 커뮤니케이션의 부재이다. 동상이몽과도 같은 것이다. 같은 시대를 살면서도 다른 언어를 쓰는 외국인 같은 존재가 청소년이다. 그렇다면 나는 아이들에게 어떤 존재로 비춰질까? 그들 역시 우리를 외국인 정도로 대하고 있지는 않을까? 외국인을 넘어 외계인처럼 보일지도 모를 일이다.

나의 별명은 파이프 목사이다. 사실 가끔 아이들에게 '정우성' 목사가 아니냐고 우기기도 하지만, 아이들은 여지없이 나를 '이혁재' 목사라고 한다. 나에게 붙여진 파이프 목사라는 별명은 아이들이 붙여준 것이다. 사연인즉슨 이전 교회에서 고등부를 지도할 때, 아이들 중에는 탈도 많고 말도 많은 소위 문제를 일으키는 아이들이 있었다. 그럴 때마다 아이들에게 나는 "가져 와" 한 마디를 던진다. 그러면 아이들은 예외 없이 "네…" 하며 실행에 옮기는 일이 있었는데, 그것은 바로 쇠로 된 파이프를 가져오는 일이었다.

교회마다 강대상 뒤에는 휘장이 있다. 고등부 예배실에도 역시 자주색 휘장이 있었는데, 거기에 비밀이 있었다. 휘장 뒤 박힌 못에 망가진 보면대를 분해하여 고리를 만들고 끈을 매달아 쇠파이프를 걸어둔 것이다. 그것은 몇 번의 설득과 권면에도 순종하지 않는 아이나, 문제를 일으킨 아이에게 엉덩이를 때려주는 몽둥이 역할을 했다. 상징적인 행동이기는 하지만 아이들은 목사님이 때리는 사랑의 매를 인정하고 있었다.

몇 달 전부터 부모님의 속을 썩이던 재훈이라는 아이가 있었다. 재훈이 어머니로부터 이미 재훈이에 대한 상세한 내용의 편지를 받은 터라 나는 마음속으로 계속 재훈이를 주시하며 지켜보고 있었다. 그리고 아이를 만날 적당한 시간만을 기다리고 있었다. 그러던 어느 주일, 예배를 모두 마치고 나는 재훈이를 조용히 불렀다.

"재훈아, 아이들 다 가면 나 좀 잠시 만나고 가거라."

"예?…네."

어쩌면 알고 있었다는 듯이 재훈이는 잠시 흔들리는 눈빛을 하더니 곧이어 내 말에 순종했다. 그리고 모든 아이들이 가고 난 후, 드디어 재훈이와 마주했다.

"너 왜 남으라고 한지 알지?"

"네."

"그러면 가져 와."

"네."

재훈이는 휘장 뒤편에 있는 쇠파이프를 조심스레 가져왔다.

"머리 박아."

'퍽! 퍽! 퍽!' 몇 차례의 엉덩이 찜질이 있고 나서야 재훈이는 아픔 때문인지 울기 시작했다. 잠시 시간이 지난 후, 난 재훈이와 같이 자리에 앉았다. 그때 갑자기 흐느껴 우는 재훈이 옆에서 내가 울기 시작했다.

"엉, 엉, 엉."

갑작스런 나의 행동에 재훈이는 당황스러워하며 도리어 나를 달래었다.

"목사님, 울지 마세요."

내가 왜 우는지 궁금한 재훈이는 자기의 울음을 그치고 반대로 나의 등을 쓰다듬으며 위로하기 시작했다. 좀처럼 사그라지지 않고 울기 시작하는 나의 통곡에 가까운 울음에 재훈이는 적잖이 당황스러운 듯 했다. 어느 순간부터 엉덩이를 맞고 있는 재훈이의 아픔이 내 아픔처럼 느껴지기 시작하면서, 나 자신이 한없이 부끄럽기도 하고 설움이 밀려와 울기 시작한 것이다.

결국 그날의 사건은 재훈이가 나를 위로하는 것으로 끝을 맺었다. 그 일이 있은 후 일주일 뒤에 고등부 예배를 마치고 재훈이는 여느 때와 다름없이 나에게 인사를 했다. 그런데 나에게 이렇게 말하는 것이었다.

"목사님, 아이들 다 가면 저 좀 잠시 만나 주세요."

'아니 저번 주에 그리고 잘 끝났으면 됐지, 왜 갑자기 만나자는 것일까?' 마음속에 약간 이상한 생각이 들었다. 재훈이는 키가 180cm가 넘는다. 덩치도 커서 뒤에서 손으로 덜미를 잡으면 꼼짝 없이 들려 올라갈 판이다. 어찌됐건 모든 모임이 끝난 후에 나는 재훈이를 고등부실에서 만났다.

"재훈아, 일주일 동안 잘 지냈지?"

"네, 목사님 잠시만요."

재훈이가 갑자기 일어나더니 터벅터벅 고등부실 문 쪽으로 가서 철문을 덜컹 닫고 문을 걸어 잠그고는 다시 뒤를 돌아 나에게 걸어오는 것이 아닌가? 난 슬며시 두 손에 힘이 들어가면서 여러 가지 상상이 주마등처럼 스쳐가기 시작했다. '○○교회 목사, 가르치는 학생에게 주먹으로 맞아 병원에 입원하다.' 뭐 이런 쓸데없는 상상 말이다. 그런 상상을 하다 보니 어느새 아이는 나에게 가까이 다가와 있었다. 바로 그때 재훈이가 나에게 바짝 다가오더니 스치듯 자기 두 무릎을 꿇으며 이렇게 말하는 것이었다.

"목사님, 저는 아직 멀었어요. 더 때려주세요."

나중에 알게 되었지만 재훈이는 나에게 쇠파이프로 맞고서도 자신의 고쳐지지 않는 행동 때문에 마음속으로 많은 갈등을 하고 있었다. 그리고 다시 나에게 찾아와 힘든 자신의 심정을 토로하였던 것이다.

그날 나는 재훈이와 함께 깊은 기도로 하나님께 나아갔고 큰 은혜와 회복의 시간을 가졌다. 지금은 너무나 멋진 대한민국의 청년이 되어 있는 재훈이를 보면서 감사의 고백을 하지 않을 수 없다. 부모님도 그 후 감사의 편지를 보내주셨다.

지금도 나에게 연락하는 아이들은 이렇게 말한다.

"목사님의 그 쇠파이프가 그리워요."

그러나 만일 지금 쇠파이프를 들고 아이들에게 다가간다면 큰일 난다. 요즘이 어떤 시대인데, 당장에 핸드폰으로 찍어서 신고할지도 모를 일이다. 하지만 그때 쇠파이프가 가능했던 이유는 무엇일까? 바로 관계다. 관계가 형성되지 않고서는 있을 수 없는 일이다.

그러나 무조건 아이들을 매로 다스리는 것은 안 된다. 어쩌면 이것은 나에게 국한된 이야기로 끝나야 한다. 아이들은 끝없는 사랑과 인내로 참아 주고 하나님의 사랑을 전해 주어야 할 책임이 우리에게 있다. 하지만 실제 현장에서 아이들은 그 사랑을 잘 인식하지 못하고 무관심이라는 틀 속에서 잊혀져가는 것은 아닐까? 아이들은 안다. 저 사람이 나를 사랑하는 사람인지 아니면 그냥 가르치는 사람인지를 말이다. 이상하게도 사람은 상대방이 나를 좋아하는지 무관심한지를 알아맞힌다. 그렇다면 우리는 아이들에게 거짓말할 수 없다. 하지만 관계는 노력한다고 되는 것이 아니다. 그들의 마음을 얻어야 한다.

진정으로 아이들을 사랑하면 그 사랑은 반드시 통하게 되어 있다. 지금도 그 교회를 떠나 온 지 10년이 넘었지만, 여전히 나를 목사보다는 아버지로 부르며 인사하러 오는 아이들이 있다는 사실이 감사할 따름이다.

목사님!
이것은 라볶이가 아니에요

개인적으로 청소년 사역자는 미혼이 유리하다고 생각한다. 왜냐하면 그만큼 아이들과 보낼 시간이 많기 때문이다.

청소년은 시기적으로 어떤 공동체에 자신이 속함으로 인해 자기 정체성을 확인 받고자하는 경향이 그 어느 시기보다 강하다. 그래서 따르고 존경할 만한 누군가와 한 공동체에 같이 있다는 사실만으로도 자신의 정체성을 확인하는 데 어느 정도 갈증을 해소시켜 줄 수 있다. 이러한 면에서 우리 청소년들은 주일 하루만으로 자신의 신앙의 정체성을 확인하는 것이 그리 쉽지가 않다. 그것은 어른들도 동일하다. 하지만 우리나라 학생들의 교육 현실 속에서 주일 외에 시간 내기란 그리 녹녹치가 않다. 그러나 바로 이 생각이 맞기도 하지만 사실 틀리기도 하다. 아이들이 '시간 없다'라고 하는 것은 새빨간 거짓말이다. 아이들을 잘 살펴보면 결코 시간이 없어서 신앙생활을 등한히 하는 것이 아니다. 단지 교회가 재미가 없는 것이다. 교회는 재미가 있어야 한다. 그리고 의미도 있어야 한다. 재미만을 추구한다면 그것은 교회가 아니다. 또 의미만을 추구한다면 아이들은 하품 속에서 몸부림을 칠 것이다. 그러기에 교회는 재미와 의미라는 두 가지 모두를 만족시킬 수 있어야 한다.

이 두 가지를 해결하는 길은 사실 사역자들에게 달려있다. 먼저 아이들을 위해 시간 내기를 작정해야 한다. 그리고 마음에 준비가 되었다면 먼저 주일이 아닌 평일을 공략해야 한다.

나는 고등부 사역을 할 때 토요일마다 아이들을 만났다. 정확하게 한 교회에 7년을 있으면서 단 한 주도 빠지지 않고 매주 토요일마다 아이들과 함께했다. 모일 때마다 우리는 기도회를 했다. 7년을 하루같이 단 한 주도 빠지지 않고 매주 모여서 기도회를 했다. 토요일이면 어김없이 고등부실에 모여 하나님께 부르짖었다. 얼마나 기도 소리가 컸는지 동네 주민의 민원으로 두 번이나 경찰서에 신고가 들어가기도 했다. 하여튼 동네 주민들은 토요일 오후 4시면 교회 고등부 기도시간이라는 것을 알고 있었으니 그 소리가 얼마나 컸는지 알 것이다.

그러나 처음부터 아이들이 기도회에 많이 나온 것은 아니었다. 무엇보다도 요즘 아이들은 기도하기를 즐겨하지 않는다는 것이다.

고등부 첫 부임 후, 다음 주부터 기도회를 시작하기 위해 고등부 회장을 불렀다.

"다음 주부터 토요 기도회를 할 테니 아이들에게 연락해라."

"목사님, 아이들이 나올까요?"

"무조건 나오라고 해!"

나의 강압에 못 이겨 회장은 아이들에게 연락을 했다. 그리고 다음 주 토요일이 되어 나는 아이들이 많이 올 것을 대비해 미리 1시간 전에 기도회를 준비하며 장의자 위에 있는 기다란 방석들을 모두 예배실 바닥에 깔았다. 왜냐하면 우리는 그때부터 지금까지 기도회를 하면 무조건 무릎을 꿇고 기도하는 습관을 지켜오고 있었기 때문이다. 그날도 나는 뜨거운 기도회를 기대하며 50개 정도의 방석을 깔았다. 기도회를 위해서 마이크와 스피커도 제 위치에 잘 설치해 뒀다. 그리고 아이들이 오기만을 학수고대하며 기다리고 있었다.

드디어 4시. 아이들이 왔다. 과연 몇 명이 왔을까? 그러나 나의 기대는 무참히 깨져버렸다. 회장과 부회장 딱 두 명만 온 것이다. 둘도 혼날 것 같아서 억지로 온 것이었다. 그러나 거기서 물러날 것 같으면 처음부터 시작도 하지 않았을 것이다. 그날 두 아이를 가운데에 무릎 꿇게 하고 기도회를 시작했다. 지금도 그렇지만 아이들과 기도를 한다는 것은 곧 영적전쟁을 하는 것이다. 죽느냐 사느냐이다. 어느 한쪽이 죽을 때까지 기도는 계속된다. 그러기에 나에게 있어서 기도회는 늘 사생결단의 시간이다. 얼마나 지났을까? 약간의 실눈을 뜨고 두 아이를 보았다. 아이들은 나의 너무나 큰 기도 소리에 귀를 막고서 기도를 하고 있었다. 그러나 나는 물러서지 않고 2시간을 꽉 채운 후, 두 아이와 함께 첫 번째 기도회를 성황리에 (?) 마쳤다.

그러나 나는 방법을 달리해야 했다. 의미만을 추구하면 아이들은 쉽게 모이지 않는다. 그래서 우선 나의 사례비 중 얼마를 들여 라면을 50박스 샀다. 고추장도 큰 것으로 구입했다. 그리고 가장 자신 있는 음식을 만들기 시작했다. 그것은 '임출호표' 라볶이였다. 결국 나의 전략이 먹혀들어 아이들은 라볶이를 먹기 위해서 토요일에 모이기 시작했다. 라볶이는 누구나 쉽게 만들 수 있는 음식이지만, 내 경우엔 많이 하다 보니 노하우가 쌓여서 그 맛이 가히 경지에 오른 수준이었다.

아이들은 처음에 라볶이를 먹으려고 토요일에 교회를 오는 듯했다. 그러나 시간이 갈수록 아이들은 기도회에 하나둘 참석하기 시작했고, 작은 기도 인원이 모여 시작한 기도회는 그 인원이 늘어 50명 정도가 모이는 큰 기도회로 발전하게 되었다.

그 중 유건국이라는 아이가 있었다. 기도회에 잘 나오지 않던 그 아이가 음식의 유혹에 넘어가 기도회에 참석하기 시작했는데, 한날은 기도회가 끝난 후 라볶이를 끓여 먹으면서 불쑥 말을 꺼냈다.

"목사님!"

"왜?"

"이것은 라볶이가 아닙니다."

갑작스런 건국이의 말에 나는 의아해 하며 물었다.

"그럼 뭔데?"

"이것은요, 라볶이가 아니고 보약입니다 보약."

"보약이라고? 그게 무슨 말이냐?"

"목사님 라볶이는 너무 맛있어서 그냥 라볶이가 아니고 보약이라고요."

너무 맛있다고 한 표현이었지만 나의 마음엔 잔잔한 감동이 밀려왔다. 이런 작은 재미와 의미가 함께할 때 그 공동체는 더욱더 건강한 공동체로 성장해 가는 것을 보게 되었다.

나중에 그 교회를 떠나올 때 아이들의 요청에 의해 라볶이 요리를 몇 주에 걸쳐 전수해준 기억이 난다. 청소년 사역의 기본은 작은 만남에서부터 시작한다. 처음부터 큰 모임을 기획하는 것보다 작고 소박하지만 끈끈한 관계를 맺을 수 있는 만남을 만들어가야 한다. 그리고 반드시 기억할 것은 그것이 의미적인 만남이 되어야 한다는 것이다. 그렇지 않으면 그 모임은 오래 지속될 수 없다. 7년을 하루같이 한 번도 빠지지 않고 기도회를 지속할 수 있었던 것도 바로 그 이유이다. 나에게 있어서 기도회는 청소년 사역을 건강하게 이끌 수 있었던 원동력이 되었다.

저 교회 좀 이상해!

요즘 시대는 차별화 전략을 원한다. 개인도 마찬가지다. 남들과 다른, 남들과 차이가 있는 삶을 살기를 원한다. 특히 청소년 시기는 또래 집단과 자신을 동일시하려고 하는 시기이기도 하지만, 이것을 뒤집으면 어느 한쪽에 속함으로 다른 쪽과는 다르다는 것을 나타내고 싶은 심리가 깔려 있다고 할 수 있다. 그래서 친구들끼리 커플 티도 만들어 입고, 같은 동아리에 가입도 하며, 같은 말과 같은 행동을 함으로써 동질성을 추구함과 동시에 다른 사람들과의 차별성도 추구하는 청소년기의 특징을 가지고 있다. 그 결과로 아이들은 자기가 속한 단체나 조직이 좀더 특별하기를 원하고, 그 조직에 속함으로 자신이 남들과 다르다는 것에 자부심을 가지기도 한다.

"나는 ○○교회 다녀."

"우리 학교가 최고야!"

이러한 말들은 아이들 사이에서 심심치 않게 하는 말들이다. 또 아이들을 이해하기 시작하면 당연한 반응이라고 이해하게 될 것이다. 고3 여자아이가 졸업을 하면서 나에게 편지를 보냈다.

> 목사님은 참 이상한 분이에요. 제가 이렇게 말하면 목사님이 오해하시겠지만 진짜 목사님은 다른 분들과는 많이 다른 것 같아요. 예전에 제가 고1 때 처음 교회를 다니기 시작했는데, 그때 저를 담당하셨던 선생님이 처음에는 조금 전화를 하더니 시간이 지나자 그 다음부터는 감감무소식…, 저도 당연하게 생각하고 믿음이 별로 없던 차에 얼마간 다니다가 안 다니기 시작했죠. 그런데 그분은 일 년에 단 한 번 전화를 하시는 거예요. 바로 교회 큰 행사 있을 때에 말이죠. 그러면서 저에게 왜 안 나오느냐고 물으시더군요. 저는 적당히 둘러대고 당연히 안 나갔죠. 제가 그때 들었던 생각이 무엇이었는지 아세요? 내가 당신네 교회 행사 머릿수 채우러 나가나 하는 것이었어요. 하지만 목사님은 달랐어요. 자주 전화 주시고 저희와 대화하시고, 항상 저희 눈높이에 맞추려고 노력하시는 모습이 좋았어요. 목사님 이제 전 졸업하지만, 그 마음 변치 마시고요. 저희 후배들 많이 사랑해 주세요. 사랑합니다.

그 여학생의 편지를 받고 나는 적잖이 충격을 받았다. '내가 당신네 교회 머릿수 채우러 나가냐'라는 이 말은 지금도 나의 목회에 있어서 중요한 도전이 되고 있다.

학원 수업으로 바쁜 아이들에게 일주일에 한 번씩 매번 전화를 하면서, 목사로서가 아니라 친구로서 대화하려고 노력했다. 아이들의 눈높이에 맞게, 이야기하고 편지하고 이메일하고…, 참 많은 아이들과 만나면서 시간을 보냈다. 지금도 잘하는 컴퓨터 오락이 있다. 그것은 바로 스타크래프트다. 스타크래프트는 아이들이 좋아하는 오락이고 지금도 많은 세월이 흘렀지만 여전히 청소년들에게 인기가 있는 오락 중 하나이다. 사실 나는 오락에는 관심이 전무했던 사람 중 한 사람이었다. 그런데 언젠가 한번 아이들과의 약속 때문에 피시방에 갔다가 같이 오락을 하려고 하는데, 아이들이 도통 끼워주지 않으려 하는 것이다. 그리고 자기들끼리만 신나게 스타크래프트라는 오락을 하는 것이다. 그때 처음 아이들과의 심한 단절감을 느끼면서 이런 게임도 문화적인 콘텐츠로 아이들과의 중요한 연결고리가 된다는 것을 깨달았다. 그런데 그때 나는 신혼이었다. 교회 옆 빌라 옥탑 방에 신접살림을 차리고 신혼의 단꿈을 꾸고 있을 시기에 어처구니없게도 나는 스타크래프트라는 오락에 빠져 한 달간 맹연습에 들어간 것이다. 그런 남편을 보고 아내는 무슨 생각을 했을까? 가끔 아내가 그때 이야기를 끄집어내면 지금도 미안한 마음에 고개를 못 든다.

그리고 한 달이 지난 후 다시 아이들과 피시방을 찾았다. 어찌 되었겠는가? 놀랍게도 내가 일등이었다. 아이들은 그 후 나를 스타 지존으로 인정하기 시작했고, 그 당시 쌓았던 실력은 지금도 유효하다. 그런데 아이들 사이에 소문이 돌기 시작했다. 그것은 오락을 잘하는 목사가 아니라 우리를 정말 사랑하는 목사라는 뜻밖의 말이었다. 아이들은 내가 자기들과 같은 눈높이에 있기 위해 애쓰는 모습이 오히려 감사했던 것이다.

일반적인 교회가 많이 다르지는 않겠지만 교회마다 특별한 분위기가 있다. 그렇다면 우리 교회의 분위기는 아이들에게 어떻게 비춰질까? 아이들이 가장 절친한 친구를 전도할 때 갖는 마음이 어떤지 아는가? 아이들은 내가 이 교회에서 느꼈던 사랑과 관심을 나의 친구도 동일하게 받기를 바라는 마음이 깔려 있다. 나의 가장 소중한 분신과도 같은 친구가 교회에 와서 왕따를 당하거나 소홀히 대우받는 것을 어떤 친구가 바라겠는가? 따라서 아이들이 자기 친구를 전도할 때는 자기가 그 교회에서 소중한 대접을 받고 있고, 그 교회 공동체에 자부심이 있을 때만이 가능하다.

이전에 있었던 일이다. 새 친구가 교회에 등록을 했다. 나는 늘 아이들이 교회에 처음 오면 이름을 외운다. 최고로 많이 외운 적은 600명 정도이다. 그리고 다 못 외운 아이들은 늘 반별 사진을 찍어서 아래에 이름을 적고 수시로 외우곤 했다. 그런데 교회에 온 지 얼마 되지 않은 새 친구의 이름이 생각나지 않는 것이 아닌가? 아뿔싸, 할 수 없이 아이의 이름을 불러주지 못하고 잠시 화장실에 가는 것을 보고 부리나케 사무실로 달려 올라갔다. 그리고 반별 사진첩을 꺼내 그 아이의 이름을 다시 확인한 후 아이가 있는 화장실 앞으로 쏜살같이 내려갔다. 그때 아이가 빠끔히 문을 나선 순간 나는 그 아이의 이름을 반갑게 불렀다.

"○○야! 화장실 잘 다녀왔어?"

"어? 목사님이 어떻게 제 이름을 아세요?"

새로 온 친구는 무척 놀라워했다. 그리고 고마워하는 듯 했다. 그런데 중요한 것은 그 다음부터였다. 이 아이가 동네에 다니면서 소문을 내기 시작한 것이었다.

"저 교회에 가면 이상한 목사님이 있어."

그 지역에는 대형교회가 많았다. 대형교회의 어려운 점은 아이들이 많이 모이면 모일수록 이름 외우기가 여간 힘든 일이 아니라는 점이다. 그러나 300명 정도의 아이들은 언제든지 달달 외울 수 있어야 한다고 생각한다. 그 집에 숟가락 숫자까지도 말이다.

친구 중에 지금은 목회를 안 하지만 미술을 전공한 아내를 도와 미술학원에서 운전기사 일을 하면서 소위 셔터맨을 하는 친구가 있다. 그가 한때는 생계를 위해서 학습지 교사를 한 적이 있었다. 내가 도대체 왜 목회를 안 하고 그 일을 하냐고 물을 때마다 그는 말없이 씩 웃던 친구였다. 그런데 그때 그가 학습지 교사를 하면서 회사로부터 배당받은 인원이 약 300명이었다. 그 친구는 많은 인원에도 불구하고 한 번도 불평 없이 일일이 아이들의 생일을 챙기고, 시시때때로 살갑게 전화하면서 정말 열심히 아이들을 관리하는 것을 보았다. 그 모습을 보면서 나는 나를 잠잠히 바라보게 되었다. 목회자라는 영혼을 다루는 사람이 300명도 안 되는 아이들을 버거워하며 힘들어 한다면, 밥벌이를 위해 저렇게 열심히 하는 그 친구보다 나을 것이 무엇이 있겠는가? 영혼 구원을 위해 사명을 다한다는 말을 어떻게 할 수 있겠는가? 정말 부끄럽다는 생각이 들었다. 그때부터 생각을 고쳐먹었다. 우리 아이들은 대접받아 마땅하다고 말이다. 말은 아이들을 위하여 한다고 하지만 정작 현실에서 내가 아이들을 위하여 하는 것이 무엇인가? 스스로 자문할 때 할 말이 없었다.

사랑을 행하기 전에는 사랑이 아니라고 생각한다. 나는 그 이후 아이들로 하여금 특별한 대접을 받는 교회가 되도록 무던히 노력을 했다. 매주 아이들을 붙잡아 놓고 특별한 시험을 쳤다. 그것은 바로 이름 외우기 시험이었다. 매달 임원들에게 한 달에 한 번 전체 학생들, 특히 새신자 이름 시험을 보게 한 것이다. 내 사무실에서 학생들의 이름과 사진을 보여 주고, 20분 후에 이름을 쓰기 시작하여 틀린 만큼 얼차려를 주었다. 그리고 그날 결석한 아이들의 이름을 확인하여 회장이 한 번, 부회장이 한 번, 총무가 한 번, 그리고 연락부장이 한 번, 주중에 내가 한 번 더 연락하여 그 아이 입장에서 오히려 교회를 안 나가는 것이 더 고역이 될 만큼 최선을 다해 관심을 기울였다. 만약 그래도 안 나오면 심방을 가고, 학원까지 찾아가 떡볶이를 사주면서 돈독한 관계를 맺었다. 결국 자신이 받은 관심과 사랑이 자신의 친구들에게도 그대로 전달되기를 바라는 마음에서 시작된 전도는 단 한 번도 전도설교 해본 적 없이 매주 새신자가 차고 넘치는 은혜로 임하였다. 그리고 아이들의 입에서는 이런 말들이 회자되었다.

"저기 가면 이상한 교회 있어."

눈물바다가 된 예배

나는 아이들이 너무 좋다. 좋아하는 정도가 아니라 아이들만 보면 좋아 미친다. 얼마나 좋으냐 하면 자다가도 벌떡 일어날 정도로 좋다. 청소년들만 보면 가슴이 울렁거리고 어디선가 알 수 없는 힘이 생긴다. 지금도 지나가는 아이들을 보면 왠지 말을 걸고 싶고 친하게 지내고 싶은 충동이 생긴다. 그런데 중요한 것은 표현하는 것이다. 아무리 좋은 것도 표현하지 않으면 아무 소용이 없다. 사랑은 표현되어야 한다.

난 재능이 없다. 청소년 사역자가 재능이 없다면 그게 말이 되는가? 하고 반문하는 분이 있을 것이다. 그리고 재능을 가진 사람이야말로 청소년 사역에 적격이라고 생각할 것이다. 음악도 잘하고, 레크리에이션도 잘하는 사람이면 더더욱 적격일 것이다. 사역 초기에 이런 생각이 나를 계속 따라다녔다. 많은 프로그램을 가지고 아이들을 즐겁게 해야 한다는 생각에 심지어는 매주 프로그램을 새롭게 하여 정신없이 돌린 경우도 있었다. 물론 그런 경험이 전혀 도움이 되지 않았던 것은 아니지만 가장 중요한 것은 아이들과 목사, 아이들과 교사라는 관계였다. 진정 중요한 것은 교회의 위치, 교회의 규모, 교회의 준비가 아니라 지금 나와 만나고 있는 아이들과의 관계인 것이다. 이 사실을 정확하게 인지한 사역자만이 시행착오를 겪지 않고 사역에 좋은 열매를 얻을 수 있을 것이다.

재능을 원하는가? 차라리 뜨거운 심장을 달라고 기도하라. 아이들을 가슴에 품고 울 수 있는 아버지의 마음을 달라고 기도하라. 만일 그런 마음이 있다면 수백 가지의 프로그램보다도 더 강력한 능력이 당신에게서 나올 것이다.

난 재능이 없기에 더욱더 한 사람에게 목숨을 걸었다. 오히려 재능이 있었다면 좀더 그런 면에 치중했겠지만 없었기에 더 본질적인 것에 매달리게 되었는지도 모른다. 그날도 주일이었다. 여느 때와 마찬가지로 주일예배 준비를 하고 고등부실로 올라갔다. 아이들이 아직 오지 않은 상태에서 무릎을 꿇고 기도를 했다. 우리는 늘 기도할 때 무릎을 꿇고 하게 한다. 그것이 좋든 싫든, 맞건 그르건 간에 마음의 준비를 하는 데 유익하고, 더 우리에게 익숙하기 때문이다. 그래서 난 아이들에게 항상 무릎을 꿇게 한다. 그날도 그렇게 기도를 하고 있는데, 성령님이 나의 마음에 아주 강력히 임재하심을 느끼기 시작했다. 맨 앞줄에서 기도를 하는데 갑자기 쏟아지는 눈물을 주체할 수가 없었다. 아이들의 영혼과 형편을 생각하면서 그 아이들이 겪는 아픔을 생각하니 가슴을 치고 밀려오는 슬픔을 제어할 수가 없었던 것이다. 그때 옆에 계셨던 권사님이 재빨리 휴지를 건네주어서 눈물을 닦아낼 수가 있었지만, 예배가 시작되고 강단에 올랐는데도 쏟아지는 눈물을 멈출 수가 없었다.

"목사님 나오셔서 말씀 전해 주시겠습니다."

이제 진짜 설교하러 단상에 서야 하는데 눈물이 멈추지가 않는 것이다. 얼마나 심하게 눈물이 흘렀는지 선생님들이 쥐어준 휴지로도 감당이 안 될 정도로, 아예 흐르는 것이 아니라 폭포수처럼 쏟아져 내렸다. 그 상황에서 설교가 나올리 없었다. 말도 안 나오는 형편이었다.

"사.랑.하.는 여러분…흐흐흑 엉엉엉."

앞에서 목사가 우니 영문도 모른 체 아이들과 선생님들도 같이 흐느껴 울기 시작했다. 내가 우는 모습을 보고 제일 먼저 울기 시작한 것은 여자아이들이었다. 맨 앞에 있던 고등학교 2학년 여자아이는 울면서 때굴때굴 구르기까지 했다. 예기치 않은 당황스러운 상황이 펼쳐졌다. 도리어 내가 우는 것보다 더한 통곡에 가까운 소리로 우는 것이 아닌가? 덩달아 다른 아이들도 무슨 설움이 그리 많은지 같이 부여잡고 울고 있었다. 대략 난감한 상황이었다. 이 상황에서 예배가 진행될 수가 없었다. 결국 나는 강단에서 내려와 오히려 아이들을 진정시키기 시작했다. 엎어진 아이들의 등을 다독이며 선생님들과 함께 제자리에 앉히고, 큰 소리로 울며 부둥켜안고 있는 아이들은 떼어서 제자리에 앉혀가며 다시 예배를 정상으로 돌리기 위해 여기저기 다니면서 아이들을 위로하고 달래느라 무진 애를 썼다. 하지만 그 노력도 수포로 돌아가게 한 것은 선생님들이었다. 오히려 아이들보다 더 꺼이꺼이 울고 있는 게 아닌가? 이런! 결국 그날 예배는 눈물바다를 이루고 그냥 끝을 맺었다.

나는 예기치 않은 상황에 당황하기도 했지만 마음으로는 너무나 감사했다. 설교는 시작도 못 했는데, 아니 할 수도 없었는데, 그날 그 자리에 있던 모든 사람의 눈에는 눈물이 하염없이 흘렀으니 말이다. 그날 이후 아이들은 선생님과 목사님이, 그리고 교회가 자신들을 얼마나 사랑하는지 알게 되었다고 한다. 그리고 그 이후 우리는 일 년에 몇 번씩 종종 그런 예배를 드렸다. 그래서 더 이상 그런 예배 광경이 우리에게 낯설지가 않았다. 지금도 가끔 그때를 생각하면 눈시울이 붉어진다.

미친 기도회

우리의 생각과는 달리 청소년들도 기도하기를 원한다. 하지만 기도의 경험이 그들에게 많지가 않다. 알고 보면 기도를 못하는 것이 아니라 안 한 것이다. 누구보다 열정적으로 기도할 수 있는 이들이 청소년들이다. 기도의 맛을 알고 나면 아이들은 누구보다 무서운 기도의 사람이 된다.

교회가 아이들에게 줄 것이 무엇인가? 점점 세속화에 익숙해져 가는 이 세대에게 교회는 무엇인가? 아이들을 붙잡고 물어보라. 너희에게 교회는 어떤 의미인지 말이다. 네가 어려서부터 다닌 이 교회가 너의 인생 가운데 어떤 의미와 존재인지를 말이다. 우리가 원하는 대답을 듣지 못할지도 모른다. 그러나 교회는 아이들에게 반드시 의미 있는 곳이어야 한다. 그들은 복음으로 변화되어야 하고 하나님을 만나야 한다. 결국 교회가 할 일은 이것이다. 청소년들로

하여금 하나님을 만나게 하는 것이다. 그리고 그것을 이룰 수 있는 통로가 바로 기도이다.

나는 고등학교 때 처음 예수님을 믿었다. 대학생 선교단체로 유명한 CCC 즉, 한국대학생선교회를 통해서였다. 고등학교 시절에 다닌 그곳은 나의 인생을 바꿔놓았다. 그때 만난 목사님들은 나의 인생의 멘토이자 신앙의 모델이었다. 그들이 가르쳐준 신앙과 기도는 지금도 나를 지탱해주고 있다.

처음 고등학교 때 믿음이 뭔지, 교회가 뭔지도 모르던 나는 정상현이라는 절친한 친구의 권유로, 그 당시 MBC 정동에 위치한 선교회 예배당을 찾게 되었다. 그곳에는 나와 같은 젊은이들이 많았다. 그런데 원래 남자들만 있으면 고약한 냄새가 나고, 여자들만 있어도 퀭한 냄새가 나는데, 선교회 문을 확 하고 여는 순간 거기에는 남자와 여자가 같이 있어서인지 좋은 향기가 나는 것 같았다. 그리고 무엇보다 나의 심장을 뛰게 만든 것은 거기서 쏟아져 나오는 기도의 열기였다. 무서울 정도로 강력한 기도의 열기는 내가 다니는 동안 계속 이어졌고, 금요일 밤마다 리트릿이라는 시간을 통해 그 절정을 이루었다.

그리고 잊을 수 없는 한 번의 사건이 있었다. 1982년 7월 셋째 주에 있었던, 충북 심천 미루나무 섬이라는 곳에서 열린 수련회였다. 전국에서 모인 대학생 만 명과 고등학생 2천 명이 달랑 비닐

천막 하나 치고는 밤마다 무서운 기세로 기도에 몰입하였던 것이다. 그때의 정확한 시간도 기억한다. 수련회 마지막 날 금요일 밤 12시였다. 내가 하나님을 강권적으로 만난 때였다. 그때 그 뜨거웠던 현장에서 배웠던 기도가 바로 사생결단식 기도이다.

나는 고등부 사역을 하면서 매주 토요일마다 단 한 주도 빠지지 않고 7년을 하루같이 기도회를 이어갔다. 아이들을 데리고 기도회를 지속한다는 것이 쉬웠겠는가? 절대 아니다. 누구도 기도가 쉽지는 않을 것이다. 하지만 기도는 절대 포기할 수 없는 생명줄이기에 아이들에게 나는 강력하게 도전했다.

청소년 사역자는 양을 치는 목자의 역할을 해야 한다. 좋은 꼴이 있는 목초지로 아이들을 인도해 그들로 하여금 좋은 풀을 먹게 할 책임이 있다. 목자가 없어서 유리하는 양 같은 존재가 바로 우리 아이들이기 때문이다.

"무리를 보시고 불쌍히 여기시니 이는 그들이 목자 없는 양과 같이 고생하며 기진함이라"(마 9:36).

'요즘 아이들은 기도하기를 싫어한다' 라는 편견을 먼저 버려야 한다. 그것은 우리가 잘못 가르친 결과라고 말하고 싶다. 아이들도 기도의 맛을 느끼고 나면 누가 시키지 않아도 기도한다. 그것도 아주 열렬히 말이다. 토요일마다 오후 4시가 되면 약 50명 정도의 아이들이 예배실로 모였다. 그때부터 6~7시까지 통곡에 가까운 기도가 이어진다. 기도회를 할 때마다 우리는 항상 무릎을 꿇고 했다. 처음에는 아이들이 적응이 안 돼 무척 힘들어 했지만 하나님에 대한 경외심을 가진다는 의미에서 그것을 계속 고집했다.

교회가 위치한 곳은 소위 강남의 큰 부자들이 산다는 동네의 중심에 있었다. 어쩌면 아쉬움이 없이 자란 아이들이라 그들에게 무슨 기도의 간절함이 있으랴 할 법도 하다. 하지만 그것은 우리의 생각일 뿐 그 아이들에게도 동일한 고민과 아픔이 있다는 사실을 알았다. 너무나 소중한 아이들, 그 아이들에게도 가슴에 담아 둔 기도 제목이 있었다.

흔히 기도회를 하면 배경음악으로 피아노 반주를 하도록 한다. 하지만 피아노를 치는 아이조차 기도해야 한다는 생각에 음악 없이 기도회를 진행했다. 처음과 달리 나중에는 마이크도 없이 몇 시간을 기도회를 인도했다. 그러나 신기하게도 나는 거의 목이 쉬지 않는 은혜를 누렸다. 그렇게 몇 시간을 부르짖으면 목이 쉴 만도 한데 전혀 부르짖으며 기도한 티가 나지 않았다. 가끔은 나는 왜 쉰 목소리가 나지 않나? 하는 장난기 어린 생각도 해보았다. 그런데 그렇게 오랫동안 기도하면 아이들이 지칠 법도 한데 오히려 더 기도회를 사모했다. 그 이유는 매주 기도회에 쏟아지는 은혜 때문이었다.

아이들이 기도를 하면서 처음에는 안 그랬는데 시간이 갈수록 한 가지 특징적인 모습을 보였다. 그것은 기도회를 시작하기 전 화장실에 있는 두루마리 화장지를 자기들 앞에 가져다 놓는 것이었다. 바로 눈물을 닦는 용도였다. 처음에는 의아해 했는데 나중에 그 화장지의 용도를 알고는 아이들이 너무 기특하지 않을 수 없었다. 기도회는 매번 눈물의 기도시간이었다. 모든 기도가 끝난 후에는 아이들 앞에 늘 수북이 쌓인 눈물, 콧물 묻은 휴지더미를 볼 수 있었다. 그것을 치우는 것도 일이 될 만큼 휴지는 산을 이루었다. 혹시 보았는가? 아이들이 기도할 때 눈에서 흐르는 물과 코에서 흐르는 물이 코끝에서 뭉쳐 몸을 앞뒤로 흔들 때마다 성령의 액체처럼 흔들리는 것을 말이다. 그것은 결코 더럽지도 않고 흉하지도 않다. 너무나 아름답고 소중하다.

기도회가 거듭 진행되면서 아이들은 강력한 기도를 체험했다. 거의 대부분의 아이들이 방언 받는 역사가 일어났을 뿐만 아니라, 심지어는 신비한 체험을 하는 아이들도 있어서 기도회가 끝나면 꼭 간증을 시키기도 했다.

"흑흑흑, 목사님… 예수님의 손을 보았어요."

목사인 나도 못 보았는데 아이들이 보았다니 참으로 놀랍기도 하고 한편으로 감사하기도 했다. 이런 기도회를 7년 동안 단 한 주도 빠지지 않고 했으니 아이들의 기도의 내공은 가히 영적 대가 수

준이었다.

우리가 기도하는 장소의 바로 위층은 공교롭게도 주인아주머니의 침실이었다. 기도 소리가 너무 커서 커튼도 치고, 불도 끄고, 마이크도 사용하지 않고, 심지어는 여름에 에어컨도 끄고 기도하는데, 주인아주머니는 굉장히 민감해 하시며 자주 항의를 하셨다. 어쩌면 그 아주머니의 종교가 남묘호렌게쿄여서 일지도 모를 일이다. 어찌됐건 일 년이면 몇 차례 아래층 고등부실로 내려와 망치로 쇠문을 부술 듯 치면서 외쳤다.

"시끄러워! 미쳤냐? 좀 조용히 해!"

"쾅, 쾅, 쾅."

그러면 아이들이 기가 죽을 법도 한데 오히려 더 열심히 하나님께 부르짖었다. 지금은 쉽게 말할 수 있지만, 그때는 정말 식은땀이 흐를 일이었다. 어쨌건 영적전쟁에서 이긴 아이들에게 박수를 보낸다.

각 교회에서 아이들이 고3이 되면 우리나라의 교육현실상 소위 신앙 면죄부와 같은 특혜를 받는 듯하다. 학원이다 과외다 해서 수련회는 꿈도 못 꿀 일이다. 아이가 간다고 해도 부모가 팔을 걷어 부치고 말린다. 어쩌면 교육현실 속에서 당연시 되는 이런 모습이야말로 청소년 사역을 가로막는 큰 장애물인지 모르겠다. 그러나 우리 교회에서는 고3도 예외 없이 거의 모든 아이들이 수련회에 참석한다. 단 하루를 참석해도 대부분의 고3 아이들이 은혜의 자리를 지킨다. 이유는 기도응답을 받기 위해서이다. 평소 기도로 단련된 아이들의 기도에 대한 사모함은 그 어떤 것도 장애물이 되지 않는다.

그때도 수련회 기도회를 인도하는 중이었다. 강사 목사님의 설교가 끝난 후에 보통 내가 마이크를 잡고 기도회를 인도하면 10시 정도에 시작한 기도회는 새벽 3, 4시를 넘기기가 일쑤였다. 심지어는 해가 창문으로 어스름히 비출 때까지 한 적도 있으니 보통 수련회하고는 다른 비정상적인 수련회였다. 잠을 새벽 늦게 자기 때문에 보통 오전 10시 정도에 일어나서 아침 겸 점심을 먹는 시간 배정이었다. 그만큼 우리는 기도에 목숨을 걸었다. 그것만이 살 길이라고 생각했기 때문이다. 물론 낮에는 재미있는 프로그램으로 아이들에게 흥미도 준다. 하지만 저녁시간이 되면 정말 뜨겁게 하나님을 사모하며 기도했다.

한 날은 좀 특별하게 다음날 일찍 준비할 프로그램이 있어서 새벽 1시가 안 되어서 기도회를 마쳤다. 그런데 그때 고3 아이들이 나에게 득달같이 달려와서는 항의를 하는 것이 아닌가?

"목사님! 지금 뭐하시는 거예요?"

"아니, 뭘?"

"왜 기도회를 일찍 끝내시냐고요?"

"알다시피 내일 일찍 일어나야 되잖니! 미안하다."

그때 그 중에서 한 여학생이 던진 말이 지금도 입가에 미소를 짓게 한다. "아이참! 목사님도, 한참 기도 줄 잡히는데 기도를 끊으시면 어떻게 해요?" 그런 말은 목사인 내가 해야 할 말인데, 고3 여학생이 하고 있으니 웃지 않을 수 없었다.

그때 기도회를 할 때마다 막강한 힘이 되었던 것은 선생님들이었다. 기도회 마지막쯤 내가 거의 탈진할 때쯤이면 선생님들이 내 바통을 이어받아 아이들 한 명 한 명에게 손을 얹고 기도해 주셨다. 그런 기도의 동역자 선생님들이 있었기 때문에 가능한 일이었다. 이런 미친 기도회를 7년을 한결같이 이어갈 수 있도록 하나님이 은혜를 주셨다.

그렇게 기도를 했던 아이들은 역시나 공부에도 소홀함이 없었다. 하나님을 진정으로 찾는 자는 인생에도 소홀히 하지 않는 것을 볼 수 있었다. 어떤 여학생은 성적이 중간 정도에 머물던 아이였는데, 수련회 후 공부에 몰두한 결과 이화여대를 당당히 합격하여 모두를 놀라게 한 일도 있었고, 많은 아이들이 공부에 더 열중하여 성적을 올리는 결과를 얻기도 했다. 그도 그럴 것이 성적이 부진한 아이는 목사가 직접 관심을 가지고 성적을 체크하니 열심히 하지 않을 수 없었을 것이다. 지금도 하나님께 감사할 제목이다.

너 그거 받았어?

　　　　　　　　대학교에서 동아리 활동으로 기독교문학회를 했었다. 그때 나는 직접 글을 쓰는 것보다 남들이 쓴 글을 보는 것을 더 좋아했던 기억이 난다. 선배들의 화려한 글을 보면서 나는 언제 저런 글을 써보나? 늘 부러운 마음과 함께 글쓰기에 대한 갈급함이 있었다. 그런데 그것을 해소시켜준 것이 바로 편지쓰기였다.

　　부임 초기에 중고등부를 담당하여 사역을 막 시작했을 때 아이들에게 편지를 쓰기 시작했다. 한 통, 두 통 쓰는 동안 아이들을 생각하니, 일주일간 떨어져 있어도 항상 옆에 있는 것처럼 아이들을 가깝게 느낄 수 있어서 좋았다. 그렇게 시작한 편지가 나중에는 학생들이 늘어나 손으로 쓰기에 버거울 정도로 그 양이 불어났다. 그런데 재미있는 것은 그 많은 양의 작업이 전혀 힘들게 느껴지지 않는 것이었다. 오히려 하면 할수록 신이 나고 아이들에게 내가 필요한 존재라는 사실이 더욱 즐겁게 했다. 어떤 주에는 30여 통의 편지를 쓴 적도 있었다. 말이 30통이지 쓰는 분량으로 치면 무척 많은 것이다. 그것도 일일이 아이들마다 다른 내용으로 쓰자니, 아이 한 명 한 명의 남다른 기억이나 생각에서 출발해야 하는 것이 여간 어려운 일이 아니었다.

그런데 이 문제를 해결한 중요한 사건이 있었다. 어느 날 담임목사님이 나를 부르시더니 갑자기 세미나를 다녀오라는 것이었다.

"임 목사, 이슬비 전도학교 세미나 좀 다녀와."

갑작스럽게 세미나를 다녀오라는 담임목사님의 말씀에 적잖이 당황스러웠다. 왜냐하면 난 그때 다른 일로 무척 부산스러운 상태여서 어떤 세미나에 집중할 수 있는 여건이 아니었다. 하지만 어찌하겠는가? 담임목사님이 다녀오라는데….

나는 결국 2박 3일간의 세미나 일정에 참가했고, 예상했던 대로 처음에는 강의가 머릿속에 들어오질 않았다. 하지만 차차 시간이 흐르면서 각 교회에서 오신 집사님들의 간증을 들으며 마음 한구석에 꾸역꾸역 올라오는 것이 있었다. 그것이 최종적으로 정리가 된 것은 마지막 날이었다.

'그래 바로 이거야!' 아무 생각 없이 참석했던 세미나에서 나는 뜻밖의 월척을 낚은 기분이었다. 그동안 편지 쓰는 것을 크게 부담스러워하지는 않았지만, 계속해서 늘어나는 아이들에게 일일이 편지를 쓴다는 것이 무리라고 고민하고 있던 차에, 이슬비 편지는 마치 사막의 오아시스를 만난 것 같았다.

나는 곧 바로 교회로 돌아와 실천에 옮겼다. 담임목사님을 설득하여 교회에 이슬비 편지실을 만들고, 시중에 나와 있는 이슬비 편지를 사서 아이들에게 편지를 쓰기 시작했다. 또 처음으로 집사님들을 동원하여 장년들에게도 이슬비 편지를 쓰도록 했다.

당시 우리 고등부는 약 200명 정도의 아이들이 출석하고 있었다. 그러나 새신자까지 합치면 약 300여 명의 아이들에게 편지를 써야 했다. 나의 편지쓰기 작업시간은 월요일 오전이었다. 매주 월요일을 편지쓰기 날로 정하고 시작한 것이다. 처음에는 300여 통을 쓰는 데 약 3-4시간 정도 걸렸다. 그렇게 한꺼번에 많이 쓰자면 팔도 아프고 어깨도 아프지만 난 행복했다. 아이들에게 내가 꼭 필요한 사람이라는 것과 행복을 나누어 줄 수 있다는 마음이 더 컸기 때문이다.

매주 월요일 아침이 되면 책상에 앉아 일일이 아이들 명단을 펴놓고 편지를 썼다. 아이들 하나하나마다 모두 다른 내용으로 접근을 해야 했는데, 그것은 아이들과 내가 한 주 동안 어떤 식으로든지 개별적인 접촉이 있어야만 가능한 일이었다. 편지를 다 쓰고 주소를 써서 300통, 가끔은 400통 정도의 이슬비 편지를 들고 우체통으로 갈 때의 그 기쁨은 말로 다할 수 없는 기쁨이었다. 시간이 지날수록 3시간 정도 걸리던 작업이 2시간 정도면 끝날 수 있는 노하우도 생기게 되었다. 덕분에 아이들은 매주 편지 한 통씩을 받아보는 기쁨을 누리게 되었다.

목사가 이슬비 편지를 쓴다는 소문이 선생님들 사이에 퍼지자 선생님들도 한 분 두 분 이 일에 동참하기 시작해, 얼마 지나지 않아 대부분의 교사들이 교회에 이슬비 편지를 사달라고 조르기 시작했다. 이슬비 편지가 활성화되자 고등부 교사회의 시간이 이상하게 변했다. 예전에는 회의 시작 전 모이면 잡담으로 일관했던 모습이 이제는 편지를 쓰느라 목사가 들어와도 신경도 쓰지 않고 편지에 코를 박고 열중하는 모습으로 바뀌었다. 이러한 광경들이 너무 좋고 너무 감사했다. 한 분 한 분이 너무 소중한 분들이었다.

그런데 한 번은 고등부 학생 하나가 섭섭하다며 나에게 말을 건네는 것이다.

"목사님! 왜 저에게는 편지 안 주세요?"

"아니 그게 무슨 소리니?"

이유인즉 다른 친구들은 다 이슬비 편지를 받았는데, 자기만 연이어 못 받았다는 것이다. 사실 그 아이는 신앙도 좋고 내가 잘 아는 아이여서 몇 주간 편지를 안 보낸 것이었다. 시골에서 올라와 누나와 같이 지내는데, 힘들게 학교를 다니면서 매주 이슬비 편지를 통해 힘을 얻고 있던 차에 편지가 몇 주간 안 오니 매우 섭섭했던 것이었다. 결국 다시 한 명도 빠짐없이 편지를 보내기 시작했다. 이렇게 보낸 편지가 7년 동안 한 주도 빠지지 않고 매주 200-300통이 되니 다 합치면 지금까지 약 10만 통에서 11만 통을 혼자서 보낸 셈이었다. 그러면서 아이들뿐만 아니라 나 스스로도 행복했으니 이보다 더 귀한 사역이 어디 있겠는가?

우리 아이들은 한 주 동안 얼굴 보기도 정말 힘들다. 학원이다 과외다 해서 어른들보다 더 바쁘다. 그러나 편지는 아무리 바빠도 아이들 두 손에 들어가 볼 수 있으니 얼마나 좋은 사역의 도구인가?

편지 사역이 시간을 더해가자 아이들 사이에는 신드롬이 생겼다. 목사님이나 선생님이 보낸 이슬비 편지를 어떤 종류로 얼마나 많이 받았는지를 서로 확인하면서, 그 당시 유행하던 3공 바인더에 펀칭하여 가지고 다니는 것이었다.

"너 이번 주에 받았어?"

"어떤 것으로 받았어?"

심지어는 내용까지 확인하는 바람에 선생님들 역시 같은 내용으로 편지를 보낼 수가 없었다. 이렇게 아이들은 편지를 얼마나 많이 받았는지 서로 자랑할 만큼 목사님과 선생님들에게 받은 편지를 소중하게 생각했다. 참으로 감사하지 않을 수 없었다. 세월이 많이 지난 지금도 아이들이 기념으로 가지고 있다니…, 나는 참 행복한 목사다.

12시간 전화걸기

주일 하루만 아이들을 만나는 것으로 청소년 사역을 한다는 것은 분명 거짓말이다. 그것은 게으르거나 아니면 방법을 모르는 것이다. 아이들은 끊임없이 영향을 받는 존재다. 일주일 내내 세상의 영향을 받다가 단 하루만 교회에 나오는 것으로는 승부가 나지 않는다. 아니 이미 승부는 났다고 볼 수 있다.

요즘은 핸드폰으로 모든 것이 해결된다. 특별한 용건이 없어도 다들 전화기를 붙들고 있어 한 달 통화료가 만만치가 않다. 중고등학생들도 마찬가지다. 핸드폰이 없으면 죽는 줄 안다. 심지어는 예배시간에도 문자를 날리는 아이들이 있으니 교회에서도 여간 골치가 아니다.

그러나 이렇게 부정적인 면도 있지만 핸드폰은 없어서는 안 될 만큼 우리 생활 속에 깊숙이 들어와 있다. 어떤 경우 사람을 살리는 역할을 하기도 한다. 하지만 내가 중고등부를 맡았던 그때만 해도 핸드폰이 그렇게 많이 보급되지는 않았다. 그래서 아이들과 통화를 하려면 아이들의 귀가 시간에 맞추어서 그 시간에 정확하게 전화를 해야 했다. 그렇지 않으면 아이들이 집에 없거나, 너무 늦은 시간이면 결례가 되기 때문이다. 그래서 고안해 낸 것이 바로 수첩 타이머이다. 수첩 안에 아이들 이름을 하나도 빠짐없이 빼곡히 적고 아이들이 언제 학교에서 집으로 돌아오는지, 학원은 언제 가는지, 과외는 언제 가는지, 일일이 시간 계산을 해서 기록을 했다. 물론 컴퓨터 프로그램으로 편하게 정리할 수도 있지만 나는 직접 손으로 쓰는 수첩이 더 익숙하고 좋았다. 덕분에 수첩은 깨알같이 써 내려가는 정보로 가득 채워져 갔다. 거기에는 시간 뿐 아니라 어떤 가수를 좋아하는지, 어떤 과목을 좋아하는지, 어떤 친구를 지금 짝사랑하고 있는데 결과는 어떻게 됐는지까지, 좋아하는 음식부터 싫어하는 것까지, 세세하게 아이들의 개인적인 이야기들로 채워졌다. 그 자료를 바탕으로 아이들과 이야기를 풀어가다 보면 아이들과의 전화 통화 시간은 끝도 없이 길어졌다. 처음의 의도와는 달리 새벽까지 전화하는 일이 다반사였다. 하지만 이런 통화 시간이 많아질수록 아이들과의 깊은 공감대와 비밀 이야기들도 많이 쌓여 갔다. 주일 아침, 아이들과 악수를 하며 인사할 때도 주중에 깊은 나눔이 있었던 아이들은 잠깐 스치는 눈인사에도 많은 이야기를 주고받는다.

어느 날 새벽이었다. 아마 2시경쯤 되었을 것이다. 곤히 잠을 자고 있던 꼭두새벽에 요란한 벨소리가 울렸다. 잠결에 수화기를 들어 전화를 받으니 익숙한 학생의 목소리가 들렸다.

"흑흑, 목사님… 저예요."

아이의 목소리가 심상치가 않았다. 시간도 시간이지만 아이의 울음 섞인 목소리에 나는 바짝 긴장을 했다.

"목사님, 우리 부모님이 지금 이혼하시려고 해요…."

평소에 밝기만 하던 아이가 부모의 불화로 인해 힘들어하며 제일 먼저 찾은 사람이 바로 나였다. 이것은 평소 스스럼없이 전화통화로 관계를 다져왔기에 어떤 시간, 어떤 상황에도 불구하고 다급한 마음을 호소할 수 있었던 것이다. 나 역시 이혼한 가정의 자녀로서 살아온 아픔이 있었다. 나는 아이를 위로하며 부모님이 절대 그러시지 않을 것을 믿고 같이 기도하자고 했다. 전화기를 통해 간절히 기도한 후 아이를 달래어 끊었다. 그리고 다음날 저녁 그 아이에게서 전화가 왔다.

"목사님! 부모님이 이혼 안 하신데요. 정말 감사해요!"

주일 아침 그 아이와 잠시 마주쳤을 때, 사람들이 많아 이야기는 나누지 못했지만 서로 눈인사를 하면서 긴 말보다 더 따뜻한 마음을 나눌 수 있었다.

전화는 저녁시간에 집중적으로 했다. 저녁식사를 하고 6시부터 시작해 밤 12시까지 매주 화요일과 목요일 이틀에 걸쳐 12시간 이상을 아이들과 통화를 했다. 수첩에 적힌 내용을 가지고 이야기하다 보면 아이들은 무척 놀란다. '목사님이 어떻게 이모 결혼식까지 기억하세요?' 하지만 전혀 놀랄 일이 아니다. 왜냐하면 난 그때그때 기록을 하기 때문이다. 그것이 바로 기록의 힘이다. 그러나 아이들은 지금까지도 내가 기록한 것을 보고 말했다는 사실을 알지 못한다. 단지 기억하고 있었다고 생각한다. 물론 자주 접하고 익숙해지면 대부분의 내용은 기억이 난다.

한 번은 전화통화 때문에 귀에 진물이 난 적도 있다. 그래서 전화기에 화장지를 감싸가면서 12시간을 전화했다. 고등부 아이들이 평균 일주일에 두 번 정도는 전화를 받을 수 있도록 했다. 전화 내용이라고 해봐야 별로 영양가 없는 내용이 많았다. 그냥 아이들 수준에 맞추어 이야기하고 그들의 관심사를 이야기하는 것이 대부분이었다.

인간관계 형성을 위한 첫 단계가 바로 '잡담'이라고 한다. 별 쓸모없는 말 같지만 잡담을 1, 2년 정도 같이 하게 되면, 그 다음 단계인 '카타르시스' 단계로 들어가고, 잡담의 단계를 충분히 거친 사람은 현대인들이 받는 스트레스를 정화할 수 있는 힘이 있다고 한다.

그러한 측면에서 아이들이 자신의 마음속에 있는 이야기를 마음 껏 풀어 놓을 수만 있다면 어떤 상담 전문가와 상담을 한 것보다 더 큰 효과가 있는 것이다. 그런데 이 쉬운 것을 아이들의 부모가 하지 않는다는 것이다. 아이들의 장래를 위해 온갖 희생과 정성은 다하면서도 정작 아이들의 이야기는 들어주지 않는 것이 오늘날의 부모이다. 참 안타까운 현실이다. 좀더 아이들에게 적극적으로 사랑을 표현하고 격려하는 것이 무엇보다 필요하다.

다른 한편으로 나도 아이들과의 수다를 통해서 내 안에 스트레스를 날려 보냈는지도 모르겠다. 사역이 이렇듯 재미가 있으면서 열매도 있다면 얼마나 감사한 일인가?

중등부 아이들과 제자 반을 할 때 한 아이에게서 문자가 왔다. 이번 제자 반이 자기가 살면서 가장 행복한 시간이었다고 말이다. 그 문자를 보면서 '내가 뭘 했지?'라고 자문해 봤을 때, 내가 한 것이라고는 같이 있어주고, 같이 이야기하고, 같이 웃어준 것밖에는 없는데…, 그리고 전화걸기. 하지만 그것은 단순히 전화걸기가 아니었음을 알고 있다.

전화는 사역에 있어서 아주 좋은 도구이다. 교사들 중에, 유명한 방송국 PD 한 분이 계셨다. 그 분야에서는 꽤 알아주는 분이었다. 그런데 워낙 바쁘셔서 시간을 내 아이들을 만나기가 쉽지 않으셨다. 하지만 멀리 지방 출장을 가더라도 아이들에게 잊지 않고 꼭 하는 것이 있었는데 그것이 바로 전화였다. 별 것 아닌 거 같지만 그것이 아이들에게는 감동이었다. 결국 이 선생님 반이 출석을 비롯한 다른 모든 부분에서 성적이 우수한 것은 우연한 일이 아니었다.

더러워서 나온다?

사역에 있어서, 자기 부서가 부흥되기를 원하는 것보다 내가 정말 사람을 좋아하느냐를 점검해 보아야 한다. 아이들 그 자체를 좋아하는 것이 가장 기본이다. 먼저 아이들을 좋아하면 나머지는 모두 가능해질 것이다. 사람은 누구나 자기를 좋아하는 사람을 알아보고 좋아하게 마련이기 때문이다.

그러나 사람들은 원래부터가 자기중심적이라 다른 사람을 사랑하기가 힘든 존재이다. 사랑은 노력한다고만 되는 것이 아니다. 그것은 흉내를 낸다고 되는 것이 아니다. 사랑은 흘러넘쳐나야 한다. 물이 흘러넘치듯이 사랑도 내 안에 계신 성령님으로 인하여 흘러서 넘치는 것이다.

예전에 처음으로 예수를 믿었을 때 이 세상의 모든 것이 다르게 보였다. 세상이 그토록 아름답다는 것을 그때서야 알았다. 이전에는 전혀 보이지 않았던 세상의 아름다움이 보이기 시작했다. 그런데 전에는 보지 못했던 것 중에 또 한 가지 보이기 시작한 것이 있었다. 그것은 바로 예수님을 모르는 사람들이었다. 심지어는 지나가는 사람들이 죽은 시체나 영화에서 나오는 해골처럼 보일 때도 있었다. 생명 없이 무의미하게 살아가는 그들 인생이 너무나 불쌍하고 안타까워 눈물을 흘린 적이 한두 번이 아니었다. 그때 당시 내 성격에 지하철 전도를 했다면 아무도 믿지 않을 것이다. 하지만 한창 예수님의 사랑을 깨닫기 시작했을 때 나는 지하철 전도를 두 달 했다. 창피한 것도 몰랐다. 영혼이 불쌍해 보이기 시작하니 내가 아니라 내 안에 계신 성령님이 일하고 계심을 보았다. 영혼을 사랑하면 무슨 짓이든 할 수 있다는 것을 그때 깨달았다.

한 번은 잘 아는 집사님의 자녀 가운데 중3 여자아이가 고등부에 올라온다는 소식을 들었다. 매년 중등부 아이들이 고등부에 올라와 정착하는 것도 아주 중요한 문제이다. 그 아이는 집사님의 자녀이고 하니 왠만하면 고등부에 올라와서 정착하는 데 문제가 없으리라고 생각했다. 그런데 그것은 나의 안일한 착각이었다. 그 아이는 사춘기이기도 하지만 무슨 이유에서인지 고등부에 가기 싫다며 예배에 참석치 않더니 급기야는 교회도 아예 안 나오는 것이 아닌가? 나는 우선 전화를 했다. 아이가 집에 없어 주로 집사님과 통화를 할 수밖에 없었다. 그리고 작전을 짜기 시작했다. 먼저 고등부 아이들에게 전화를 하도록 했다. 우리는 심방전화를 한 번 하면 여러 명이 나누어서 거의 매일 하다시피 분담하여 책임지고 전화를 한다. 그래서 우리 입장에서는 한 번씩이지만 당사자는 거의 매일 전화를 받는 셈이다.

그 아이의 어머니인 집사님은 미용실을 하셨다. 덕분에 난 거의 매주 길지도 않은 머리를 공짜로 다듬으면서 미용실을 드나들었다. 그 아이에게는 미용실을 내 집 드나들듯이 다니는 목사가 얼마나 성가신 존재였겠는가? 하지만 집사님과도 말을 맞추어 같이 자장면을 시켜 먹으면서 아예 그곳에서 시간을 때우며 한 달 가량 무언의 압력을 가했다. 결국 이 작전은 주효했다. 한 달 후에 아이는 두 손을 들고 교회에 나왔다. 그리고 나오면서 이렇게 말했다고 한다.

'나 참 더러워서 나온다.'

웃자고 한 말이겠지만 그 속에는 결국 자기가 졌다는 항복을 의미한다. '얼마나 시달렸으면 나왔을까'가 아니다. 아이가 느낀 감정은 특별했다. 자신이 얼마나 관심의 대상이 되고 있는지 한 달의 경험을 통해서 뼈저리게 느낀 것이다. 지금도 종종 만나면 말을 한다. "목사님이 아니었다면 지금 어떻게 살고 있을까요? 목사님, 정말 감사해요."

지금 우리가 가르치는 아이들 중에 혹 속을 썩이고 도망하여 술래잡기를 하고 있는 아이가 있는가? 그 아이들이 언젠가는 돌아올 것을 믿는가? 나는 믿는다. 포기하지 않는 한 그 아이는 반드시 하나님의 품으로 돌아올 것을 말이다.

하마터면 전도당할 뻔 했다!

예전에는 교회마다 연말이 되면 '문학의 밤' 행사를 했다. 우리 교회 고등부도 매년 이 행사를 가졌는데, 이름이 '나의 주 나의 하나님' 이었다. 대개의 경우 이러한 행사는 아이들의 은사를 펼칠 수 있는 좋은 시간이 되기도 하지만, 아쉽게도 많은 분들이 와서 격려하는 경우보다 우리만의 잔치로 끝나는 경우가 많다. 우리 또한 매년 비슷한 규모의 연례적 행사로 끝나 버리는 아쉬움이 있었다. 그래서 회의적인 목소리도 만만치 않았다.

그러던 어느 날 나의 마음에 불을 지른 한 사건이 있었다. 그것은 공교롭게도 우리 부서의 부장선생님의 말씀이 발단이 되었다. 주일예배를 시작하기 전 우연히 부장선생님과 함께 '나의 주 나의 하나님' 행사에 대해 잠시 이야기를 나누었다.

"선생님, 그래도 이번에 몇백 명은 오겠죠?"

"글쎄요? 그게 가능해야 말이죠."

예상치 못한 부장선생님의 답변이었다. 가슴이 답답해 왔다. 시간이 지나자 오히려 그 말은 나의 마음에 불을 지폈다. '아니 왜 하나님의 가능성을 제한하시는 겁니까?' 목구멍까지 이 말이 올라 왔지만 차마 할 수가 없었다. 예배시간이 되어 예배실로 올라갔다. 좀 전에 부장선생님과 나누었던 대화가 머릿속을 떠나질 않았다. 급기야 설교 중에 사고를 치고 말았다.

"여러분, 이번 '나의 주 나의 하나님'에 500명이 올 줄 믿습니다. 그리고 그렇게 될 줄로 믿고 선포합니다!"

아차! 이 말을 설교 중에 하고는, 집에 와서 얼마나 후회를 했는지…. 내가 실언을 한 것은 아닌가? 여러 가지 생각으로 복잡했다. 그런데 문득 드는 마음이 있었다. 그것은 하나님이 본질적인 것으로 돌아가기를 원하신다는 마음의 소리였다. 그리고 그 주 토요 기도회를 마치고 찾아온 회장과 부회장에게 단호하게 말했다.

"지금부터 '나의 주 나의 하나님' 준비를 하되 연습과 기도를 병행하여 한다. 연습을 30분 하면, 기도는 3시간 하는 것으로 하자."

나의 제안에 아이들의 눈이 휘둥그레졌다.

"아니 목사님! 연습시간이 너무 모자라요."

"괜찮아. 그래도 그렇게 하자."

아이들의 입은 나왔지만 목사님의 말이라 거역할 수도 없는 상황에서 매일 같이 모여, 기도회 3시간이면 연습은 30분으로 짧은 시간 연습에 매달렸다. 그런데 그렇게 기도를 한 후 연습을 하니 오히려 더 강한 집중력으로 연습에 임하는 것을 볼 수 있었다. 모두 한마음으로 연습에 몰입하는 것이다. 지금도 그때 찍은 영상을 가지고 있는데, 감동적일 만큼 아이들은 최고의 기량을 발휘했다. 심지어 주변의 교회들이 우리 교회에 와서 문학의 밤 벤치마킹을 해 가기도 했다.

문제는 인원 동원이었다. 과연 아이들이 얼마나 올까? 밤에 잠을 설칠 정도로 걱정이 되었다. 하지만 어쩌겠는가? 이미 선포를 했으니 기도하면서 하나님을 의지할 수밖에….

드디어 디데이가 돌아왔다. 우리 교회 문학의 밤 행사는 전통적으로 매년 1월 셋째 주 토요일 3시 30분에 시작한다. 그 해도 다름없이 3시 30분에 시작하기에 앞서 3시 20분경 예배실로 올라갔다. 얼마나 왔을까? 기대 반 두려움 반으로 문을 여는 순간, 나는 망연자실하고 말았다. 달랑 30명 정도의 인원이 앞자리를 채우고 있었던 것이다. 시간은 얼마 안 남았지만, 나는 절망하는 대신 곧바로 2층 구석으로 올라가 하나님께 기도하기 시작했다.

'하나님! 간절히 빕니다 도와주세요!' 짧지만 강한 기도를 드리고, 흘린 눈물을 훔치며 아래층으로 내려왔다. 그런데 정문을 향해 바라본 순간, 나는 그 자리에 멈춰 서고 말았다. 내 눈 앞에서 엄청난 일이 벌어지고 있었다. 마치 구름 떼가 몰려오는 것처럼 아이들이 예배당을 향하여 올라오는 것이 아닌가?

'오 주님! 감사합니다.'

그날 집회가 다 끝난 후 확인한 결과 600명이 넘는 사람들이 그 자리를 가득 채웠다. 교회가 문학의 밤을 시작한 이래 단 한 번도 200명이 넘은 적이 없었는데… 그렇게 많은 인원이 왔으니, 참으로 가슴 벅차고 놀라지 않을 수 없었다. 집회는 대성공이었다. 아이들 역시 너무 잘해 주었다. 이후 그것이 화제가 되고 소문이 나서 기독교 방송국에서 취재를 해 가기도 했다.

보통 집회가 끝나면 아이들끼리 서로 격려하며 꽃다발을 주고받거나 축하하는 시간을 가진다. 그런데 그날은 집회가 끝난 후 이상한 일이 벌어졌다. 아이들이 갑자기 하나 둘 자리에 털썩 주저앉더니 하염없이 기도를 하는 것이 아닌가? 분위기가 예사롭지 않았다. 도저히 그 기도가 끝날 것 같지가 않았다. 모두들 함께하신 하나님께 눈물로 감사의 기도를 드리고 있었다.

축하해 주기 위해 기다리던 친구들과 학부모들도 기다리다 지쳐 하나둘씩 꽃다발을 나에게 맡기고는 발길을 돌렸다.

아이들은 나의 기대 이상으로 열심히 해주었다. 그 힘은 기도의 힘이라고 지금도 믿는다. 열심히 준비한 만큼 아이들은 자신감을 가지고 임했고, 그 안에서 서로를 섬기는 법과 사랑하는 법을 배우며 진정한 천국이 무엇인지를 알아갔다.

또 그러한 자신감이 친구들에게, 가족들에게, 우리 교회에 한 번 와 보라는 말을 할 수 있게 한 힘이 되었으리라 생각한다. 그날 초대되어 온 친구들 중에 골수 불교신자 여학생이 한 명 있었다. 몇 달에 걸친 집요한 친구의 강권에 못 이겨 그 자리에 참석했는데, 그 아이가 '나의 주 나의 하나님'을 보고 방명록에 남긴 글이 인상적이었다.

"나 하마터면 전도당할 뻔 했다!"

하나님의 부흥

각 교회마다 청소년을 위한 공간과 예배실이 많이 부족한 것이 현실이다. 그래서 교회에 건의도 하고, 기도하면서 노력도 해보지만 상황이 녹녹치가 않다. 그렇다고 상황과 여건만을 탓하는 것은 하나님의 방법이 아니라는 것을 가슴 깊이 새기게 된 하나의 사건이 있었다.

내가 당시 사역하던 교회는 강남의 중심부에 위치한 교회였다. 주변에는 소위 대형교회라고 불리는 교회들이 강력한 이미지와 함께 포진해 있는 상태였다. 30년의 역사가 말해주듯 우리 교회는 외관상 낡고 오래된 건물로, 최근 고등부실을 중등부와 분리하면서 근처 주택을 하나 구입했다. 그리고 2층에는 고등부실로, 아래층은 식당으로 이용하고 있었다. 그런데 문제는 고등부실이었다. 일반주택을 예배실로 만들다 보니, 안에 있는 벽들을 허물고 그 벽이 무너지지 않게 하기 위해 가운데 큰 쇠기둥 두 개를 박았는데 그것이 보기에도 흉물스러웠다. 위치상으로도 주변의 멋지고 화려한 교회들과 비교가 되고, 더군다나 높은 빌딩에 둘러싸여 보이지도 않는, 그냥 일반 가정집인 고등부실에 아이들과 사람들의 시선이 머물 리가 없었다.

당시 고등부를 처음 맡았을 때 인원이 38명이었다. 반면, 교사는 25명이었다. 교사가 학생 수에 비해 오히려 많은 편이었다. 그러나 중요한 것은 분위기였다. 연말이 되어서 전도상을 주려고 하는데 전도한 아이가 달랑 2명밖에 없는 것이 아닌가? 뭔가 분위기가 침체되어 있는 듯 했다. 그러나 나는 별로 신경 쓰지 않고, 차라리 많은 아이들보다 적은 아이들을 보면서 더 가족적이라는 생각을 했다.

그러던 중에 연초가 되면서 다니엘 새벽기도 주간이 되었다. 그날은 새벽기도 첫날이었다. 기도회가 끝나고 개인기도 시간도 한참이나 흘렀는데 옆자리에 계신 집사님이 집에 가실 생각을 하지 않는 것이었다. 교회 의자구조상 맨 끝에 앉은 분이 일어나지 않으면 안쪽에 앉은 사람은 나가기가 어려웠다. 물론 기도에 방해를 주면서 실례를 무릅쓰고 나갈 수도 있지만 그날이 첫날이기도 하고, 교역자의 자존심상 비켜달라는 말이 입에서 떨어지지를 않았다. 할 수 없이 그분이 나갈 때까지 계속 기도해 보리라 마음먹고 기도하기 시작했다. 그런데 이것이 하나님의 일하심일 줄이야! 나중에 안 사실이지만 그 집사님은 우리 교회에서 가장 오래 기도하시는 분 중에 한 분이었다.

급기야 나중에는 내 입에서 이런 기도가 나왔다. '하나님! 저 분 좀 그만 가게 해주세요!' 그러나 하나님은 내 편이 아니었든지, 집사님은 꿈쩍도 하지 않고 계속 기도에 몰입하고 계셨다. 그쯤 되니 나도 포기할 수밖에 없었다. 마음을 돌려 나도 기도에 전념하기 시작했다. 그렇게 앉아서 꼬박 아침 9시까지 기도를 했다.

이런 날이 새벽기도 20일 내내 이어졌다. 처음 집사님 때문에 버티기 기도로 시작했던 것이 내 인생 가운데 가장 오래, 가장 열심히 기도한 경험이 되었다.

하나님은 기도 중에 특별한 도전을 주셨다. 솔로몬처럼 한 가지 소원을 두고 기도하라는 것이었다. 그때 내 안에 있던 한 가지 기도 제목은 바로 '고등부를 부흥시켜 주십시오!' 였다. 하나님이 약속하신 말씀을 붙들고 새벽기도 내내 씨름하며 기도했다. 그리고 하나님이 기도를 들으셨다는 강한 확신을 갖게 된 것은, 기도를 시작한 지 정확히 21일째 되는 날 아침이었다. 그날은 주일이어서 일찍 기도를 마치고 고등부실로 올라가려고 주섬주섬 일어서려는 순간이었다. 그런데 그때 갑자기 위로부터 강렬하고도 분명한 음성이 내 머리에서부터 정수리를 뚫고 온 몸으로 전해지듯 분명한 하나님의 음성이 들렸다.

"출호야! 내가 너를 부흥시켜 주리라."

내 마음에 든 생각이 아니라 분명히 하나님의 음성이었다. 그 순간, 나는 강력한 힘에 압도되어 정신을 차릴 수가 없었다. 그러나 주일예배를 드려야 했기에 흥분과 감격된 마음을 잠시 누르고 고등부 예배실로 올라갔다. 그런데 그곳에서 나는 기적과도 같은 일을 목격했다. 일 년에 전도상을 주려고 해도 2명밖에 새로 등록하는 아이가 없던 고등부였는데 그날 새신자만 15명이 온 것이다. 하나님은 약속대로 부흥을 허락하셨다.

그렇게 시작된 부흥은 7년 동안 매주 새신자가 끊이지 않는 기적을 낳았다. 만일 우리 교회가 좋은 환경이나 좋은 위치에 있었다면, 만일 우리 고등부에서 어떤 프로그램이나 설교를 통하여 좋은 소문이 나 있는 상태였다면, 이것이 진정 하나님이 하신 일인가 의구심이 들었을 수도 있다. 하지만 이것은 누가 보아도 하나님이 역사하시고 주관하신 일이었다. 하나님의 부흥은 인간이 만드는 것이 아니라 하나님이 직접 이루시기 때문이다. 다시 한 번 하나님의 놀라운 은혜를 깨달았다. 억지로 시작한 기도에도 불구하고 하나님은 나를 하나님의 길로 몰아가시는 것을 보면서 하나님의 신묘막측하심과 크신 사랑에 놀라지 않을 수 없었다. 무엇보다 교회가 처한 현실을 바라보기보다 위에 계신 하나님을 바라보아야 한다는 것을 마음에 깊이 새기는 계기가 되었다.

2개월이라는 짧은 시간에 우리 고등부는 하나님이 보내주시는 새신자들로 인해 재적이 38명에서 91명이 되었다. 교회 역사상 처음으로 당회가 고등부 예배실을 위해 2억 5천만 원이라는 큰 액수를 들여 건물을 세내어 주었고, 우리는 너무나 기쁜 마음으로 넓고 깨끗한 장소로 이사를 갈 수 있었다. 그때부터 고등부가 급성장하기 시작해 불과 일 년 사이에 약 250명의 아이들이 함께 예배를 드리게 되었다. 이 일로 주변 잡지사에서 취재도 왔는데 그 중 한 팀은 가톨릭 수녀회였다. 개신교 교회의 부흥이 가톨릭까지 소문이 난 것이다.

그때의 사건을 통하여 다시 한 번 부흥은 인간이 생각하고 계산하는 일이 아님을 깨달았다. 부흥은 나의 노력이 아닌 하나님께서 허락하시는 하나님의 은혜이자 방법이라는 사실을 알게 되었다.

예수에 미친 아이들

아이들이 은혜를 받으면 나타나는 반응이 있는데, 그 첫 번째가 전도이다. 누가 강요하지도 않는데 복음을 체험하고 나면 견딜 수 없는 뜨거움을 갖는다.

어느 날 저녁, 주변교회의 성도 한 분이 어떻게 소문을 들었는지 나에게 전화를 했다. 하나뿐인 아들을 소위 인간 좀 만들어 달라는 것이었다. 학교에 잘 다니던 아이가 안 좋은 친구들을 만나 나쁜 길로 가면서 부모와의 갈등이 깊어진 상태라고 했다. 그 집은 아이를 유학을 보낼 수 있을 만큼 여유도 있는 집이었지만 아이의 예측하지 못한 탈선으로 인해 가정의 분위기가 말이 아닌 상태였다. 눈물로 호소하는 어머니의 부탁을 외면할 수가 없어서 일단 같이 한 번 교회에 나오시라고 말씀을 드렸다.

다음 주 주일 아침, 어머니는 들어오기 싫어하는 아이의 손을 억지로 끌고 교회로 오셨다. 들어오는 아이의 모습은 실로 가관이었다. 산발에 가까운 머리에 갖가지 색깔로 물을 들이고, 귀에는 귀걸이를 한 모습이 영락없는 반항아의 모습 그 자체였다. 물론 기대도 안 했지만 바지에 손을 넣고 인사는 하는 둥 마는 둥, 짜증 섞인 목소리로 첫 마디를 꺼냈다. "저 그냥 가면 안돼요?" 나는 약간 열이 오르는 것을 진정시키면서 아이에게 계속해서 말을 건넸다. 하지만 아이는 마음을 열지 않았다. 나는 할 수 없이 최후의 수단을 썼다. 그것은 다름 아닌 미인계(?)였다. "야, 너 이번에 교회 잘 나오면 내가 저 아이 소개시켜 줄게." 갑작스런 목사의 제안에 아무런 대꾸나 반응도 없던 아이가 천천히 고개를 드는 것이었다. 그러더니 내가 조심스레 가리킨 손가락 끝의 여자아이를 보고는 잠시 후 고개를 끄덕이는 것이 아닌가? 역시 남자는 미인에 약하다는 사실을 증명하듯 그 아이는 나의 마수(?)에 걸려들고 말았다.

그렇게 시작된 아이의 교회생활 속에서 여전히 이루어지지 못할 미인의 꿈을 간직하게 한 채 여름수련회까지 참석하도록 했다. 하지만 처음 참석하는 수련회 분위기에 적응하지 못하는 것은 당연했다. 매일 계속되는 기도회, 말씀, 거기다 잠도 실컷 못 자고, 담배도 못 피우니 그야말로 사면초가였을 것이다. 결국 아이는 견디다 못해 나를 찾아왔다.

"목사님! 집에 보내주세요."

"○○야, 그 여자애와 연결해 준다니깐, 조금만 더 참아봐."

나의 이 회유의 말이 아니어도 아이는 먼 거리 때문에 집에 갈 수가 없었다.

아이는 용케도 하나님의 은혜로 끝까지 남게 되었다. 그런데 은혜의 폭포수가 터진 것은 바로 마지막 날 밤이었다. 그날도 역시 우리는 갈급한 심령으로 기도에 열중하고 있었다. 어느 정도의 시간이 지났을까? 갑자기 한쪽 구석에서 한 아이가 몸부림을 치며 울부짖고 있는 것이 아닌가? 자세히 보니 바로 집에 보내달라던 그 아이였다. 아이는 때굴때굴 구르면서 하나님께 기도하고 있었다. 거의 사자가 포효하듯 울부짖으며 하나님께 눈물로 참회기도를 드리고 있었다. 그날 저녁, 자신의 인생이 뒤바뀌는 사건 즉 하나님을 만난 것이었다.

그날 이후에 아이는 몰라보게 변하기 시작했다. 얼굴 표정과 머리 모양은 말할 것도 없이 말과 생각까지 송두리째 변했다. 그리고는 자기와 같은 친구들을 전도하기 시작했다. 그 해 그 아이가 전도한 친구들이 단연 많았고, 우리 또한 하나님께서 하신 일에 놀라며 감사의 고백을 하지 않을 수 없었다.

1988년 서울 올림픽 때 굴렁쇠를 굴려 유명해진 굴렁쇠 소년 윤태웅이라는 아이를 잘 알 것이다. 이 아이 역시 우리 교회에 전도되어 온 친구다. 잘생긴 외모 탓에 여자아이들에게 꽃미남으로 불리며 인기가 많았다. 이 아이 또한 내가 잘 쓰는 미남, 미인계 작전에 주로 등장했던 아이로서, 이 아이 때문에 교회 나온 여자아이들이 부지기수다. 하지만 처음 동기와 달리 태웅이를 비롯한 다른 많은 아이들이 지금은 너무나 자랑스러운 신앙인으로 자라고 있다.

또 아이들 중에는 현대고를 다니는 아이들이 많았다. 그 중 체육부에 있는 아이들이 있었는데 덩치가 매우 크고, 술 담배도 다 하는 아이들이었다. 그런데 그 중 한 아이가 은혜를 체험했다. 그 후 믿음을 가지고 열심히 신앙생활을 하는 모습이 참 예뻤다. 그런데 체육부 선배들이 토요일만 되면 불러내어서 술을 먹이는 통에 무척 곤혹스러워하고 있었다.

한 번은 주일 아침에 회장이 헐레벌떡 뛰어오더니 큰일 났다고 예배실에 빨리 올라가 보라는 것이었다. 가보니 그곳에는 밤새 술을 먹은 그 아이가 와 있었다. 나는 당황하여 술을 먹었으면 집에 가지 교회에는 왜 왔냐고 다그쳐 물었다. 그때 그 아이가 술 냄새를 풀풀 풍기면서 한 말을 지금도 잊을 수가 없다.

"목사님! 예배 드리러 왔어요!"

그날 예배실 뒤에 조용히 있다가 예배가 끝나자 집으로 돌아간 그 녀석이 안쓰러우면서도 한편으론 기특하지 않을 수 없었다.

나는 아비이고 싶다

나는 행복한 가정에 대한 갈급함이 많다. 그것은 평범치 못한 나의 가정 환경에서 비롯된 것이다. 나의 아버지는 스님이셨다. 그리고 할머니는 무당이셨다. 그리고 어머니는 새어머니셨다. 아버지가 예전에 가끔 농담처럼 "네가 목사가 된 것은 다 부처님의 은덕이야"라고 하시던 기억이 난다. 물론 지금은 다 예수님을 믿고 교회에 잘 나가시지만, 그 과정 가운데 얼마나 구구절절 사연이 많았겠는가! 무당이셨던 할머니도 결국 예수 잘 믿다가 천국에 가셨다.

나는 어릴 적부터 가정을 통한 따뜻함을 별로 느끼지 못한 채 성장했다. 하지만 그렇게 원했던 따뜻함과 사랑을 교회를 통해서 누렸다. 그것이 나에게는 모든 갈등과 방황의 종지부를 찍게 한 원인이었다. 사랑받고 싶었다. 인정받고 싶었다. 그리고 사랑을 주고받는 것이 무엇인지 알고 싶었다. 어릴 적에는 몰랐지만 나이가 들수록 그런 마음은 더욱 간절했다.

그 후 교회의 진정한 의미를 깨달으면서부터는 교회가 따뜻한 가정이 되어 줄 수 있다고 믿었다. 하지만 그런 것을 경험해 보지 못한 나는 어디서부터 시작해야 할지 몰랐다. 지금도 여전히 부족하다.

세상에 사랑만큼 사람을 행복하고 자유롭게 만드는 것이 있을까? 나는 교회가 단순한 교회 공동체이기보다 사랑을 바탕으로 한 가정과 같은 공동체가 되기를 원한다. 진실로 교회는 가정이어야 한다. 언제나 사람들의 시린 가슴을 안아줄 그런 가정이어야 한다.

아이들에게도 교사는 단순한 선생님이 아니라 아버지이고 어머니이어야 한다. 난 지금까지 단 하루도 아이들을 그냥 학생으로 생각해 본 적이 없다. 지금도 내 개인 홈페이지에 있는 나의 소개 글이다.

- 난 중딩을 사랑하는 행복한 목사다.
- 나는 아이들의 영적인 부모이고 싶다.
- 나는 목사보다 영적인 부모로 불리는 것이 더 좋다.
- 중딩들은 알려나?

이전에 아이들과 함께 대형마트에 간 적이 있다. 몇 명의 고등부 아이들과 함께 저녁 늦게까지 교회 물품을 사고 있던 중이었다. 그 중 한 여자아이가 카트를 밀면서 뒤쳐져 오고 있었는데, 사람이 많다보니 조금 거리가 멀어지게 되었다. 그런데 그때 그 여자아이가 큰 소리로 나를 부르는 것이 아닌가? "아빠!" 그것도 남들이 다 듣도록 큰 목소리로 부르는 통에 모든 사람이 나와 아이를 동시에 쳐다보며 수군거리는 것이 아닌가? 그때 나는 누가 봐도 새파란 20대 후반 젊은이였고, 그 아이는 10대 여고생이었으니, 그 둘 사이의 호칭이 아빠라는 것이 조금은 낯 뜨거운 상황이었다. 멍하니 뒤를 돌아보며 조용히 하라는 손짓을 했지만 이미 엎지르진 물이었다. 그런데 이상하게도 난 그 말이 싫지가 않았다. 아니 솔직히 말해 기분이 좋았다. 목사가 아닌 아빠…, 그때부터 난 목사보다는 아이들의 아빠, 아니 아비이고 싶었다.

아이들은 지금도 나를 아빠라고 부른다. 편지 속에서, 핸드폰 문자 속에서, 그리고 교회에서. 그래서 나는 자녀가 많다. 어딜 가나 나의 자녀들이 있다. 아들과 딸들을 만나면 뭐든지 다 해주고 싶다. 아깝지가 않다. 지금도 그 교회를 떠나 온 지 10년이 넘었지만 새해가 되거나, 내 생일이 되거나, 아이들이 외국에 나갈 때면 아이들은 꼭 나를 찾아온다. 아빠라고 부르면서 말이다. 얼마나 황홀한 이름인가?

교회에서 사람들은 나를 목사라고 부른다. 하지만 나는 진정한 목사가 아닐지도 모른다. 목사가 되려고 몸부림치는 사람일 뿐이다. 나는 그리스도인이 아닐지도 모른다. 진정한 그리스도인이 되려고 무던히 몸부림치는 애송이 신자일 뿐이다. 아직도 내가 갈 길은 너무 멀다. 하지만 청소년들을 섬기면서 꼭 내가 되고 싶었던 것은 그 아이들의 아비였다. 부족하지만 꼭 그렇게 되고 싶었다. 내가 하나님을 좀 먼저 알았다고 어쭙잖은 스승 노릇을 한 적도 많았던 것 같다. 지식만을 전달하면서 그 중심에는 아이들을 위하고 하나님 나라를 위하기보단, 내 의를 드러내려는 부분이 많았을지도 모르겠다.

나는 진정 '좋은 아빠'가 되고 싶었다. 좋은 아버지란, 무언가를 잘 알고 있어 그것을 잘 설명하고 가르치는 능력이 있는 자가 아니라, 자식의 부족한 모습에도 불구하고 그것을 있는 그대로 인정하고 품을 수 있는, 그런 넓은 사랑을 가진 사람이 아닐까? 누구를 진정 사랑하고 돕는다는 것은 허다한 일만 스승이 되는 것이 아니라, 품고 참고 그 모습 그대로 받아들일 수 있는 사랑의 아비가 되는 것이 아닐까 생각해 본다.

"그리스도 안에서 일만 스승이 있으되 아버지는 많지 아니하니 그리스도 예수 안에서 내가 복음으로써 너희를 낳았음이라"(고전 4:15).

교사라는 이름의 위대함

청소년 부흥의 가장 중요한 요인 중 하나는 교사의 역할이다. 담당 교역자 혼자서 이끌고 가는 것은 가능하지도 않지만 옳은 방법이 아니다. 청소년부의 부흥은 교사들의 헌신을 전제로 한다. 교사들의 눈물과 땀이 바탕이 되지 않고서는 교회의 비전은 현실이 되기가 어렵다.

한 번은 60세가 넘으신 권사님이 교역자실로 찾아오셨다. 교사를 하시겠다는 것이었다. 아이들과 나이 차이가 너무 많이 나지 않을까 걱정이 앞섰다. 하지만 권사님의 확고한 결정에 말릴 수가 없었다. 그래서 비교적 잘 나오는 아이들 반을 맡겨드렸다. 그리고 절대 안 빠질 것 같은 아이들 3명을 같이 편성하여 잘 부탁드린다고 말씀드렸다.

어떻게 반 운영을 하실까? 기대와 우려의 마음으로 권사님 반

주변을 서성대며 지켜 보았다. 특이한 것은 공과시간이 공과를 가르치는 시간이라기보다는 손자들에게 맛있는 음식을 해다 먹이는 시간처럼 항상 음식이 풍성했다. 권사님은 또 아담한 체구로 아이들 한 명 한 명을 꼭 안고 기도해주시는 모습이 그야말로 할머니가 손자들을 아끼는 모습 그 자체였다.

그런데 놀랍게도 일 년이 지났을 때 권사님 반은 우리 부서에서 아이들이 가장 많이 나오는 반이 되었다. 나중에는 재적인원이 늘어나 4개 반으로 분반하고 보조 교사를 붙여야 할 정도로 발전하였다. 무엇이 이렇게 만들었을까?

우리는 흔히 젊고 유능한 사람이 교사를 해야 하고, 많은 성경적인 지식이 있어야 교사로서 준비된 사람이라고 생각을 하곤 한다. 그러나 난 이 할머니 선생님을 보면서 그 생각이 잘못되었다는 것을 철저히 깨달았다.

무척 바쁘신 권사님이 한 분 계셨다. 얼마나 바쁘시냐 하면 사업 때문에 매일 4시간만 주무시면서 30분 단위로 시간을 쪼개어 사용하시는 분이다. 이런 분이 시간을 내기란 여간 어려운 일이 아니다. 하지만 아이들에게 가장 인기 있는 선생님이다. 매년 연말이 되면 아이들이 찾아와 그 권사님 반에 넣어달라고 조르기까지 한다. 이유인즉슨, 권사님은 그렇게 바쁜 와중에도 매주 꼬박꼬박 전화하는 것을 잊지 않으시고, 일 년이면 몇 차례씩 아이들을 집으로 초대하거나 별장에 데려가는 것을 마다하지 않으니 아이들이 좋아할 수밖에 없다. 그리고 밤새 아이들과 이야기하기를 좋아하고, 오고가는 차 안에서도 아이들의 눈높이에 맞춰 게임에 적극적으로 동참하는 모습이 아이들의 마음을 사기에 충분한 것이다.

누구나 현대를 살아가는 사람들은 바쁘다. 단지 '바쁘다는 핑계'로 많은 것을 잃고 살아간다. 나의 가장 소중한 시간들은 내가 바쁘다고 말하는 그 순간에 돌이킬 수 없는 것들이 되고 만다. 또 '할 수 없다'라는 핑계로 사람들은 많은 것을 잃고 살아간다. 교사로서 우리가 맡은 아이들이 얼마나 소중하고 귀한가? 그러나 이런 마음도 바쁘다는 핑계로 아이들을 외면할 때 연기처럼 사라져버리고 어떤 일이든 할 수 없게 한다. 우리의 핑계는 순간을 모면하기 위한 구차한 변명이자 하나님의 은혜의 통로를 가로막는 장애물일 뿐이다. 하나님의 말씀을 전하는 위대한 사역에 부름 받은 우리의 사명이 얼마나 소중하고 영광된 일인가? 우리 안에 아이들을 사랑하는 마음만 있다면 무엇이든지 가능할 것이다.

아래 내용은 고등부 제자였던 아이가 이제는 멋진 교사가 되어서 보낸 편지다.

"목사님! 안녕하셨어요? 저 오늘부터 고등부 교사를 맡아 섬기게 됐어요. 그동안은 초등부 교사로 봉사했는데, 올해부터는 고등부 교사로 섬기게 되었네요. 6, 7년 만에 다시 온 고등부가 왜 이렇게 반가운지요? 그곳에서 찬양하고 기도하는 아이들을 보니 예전에 목사님과 함께 했던 시간들이 생각나서 꼭 제 마음이 고향에 온 기분이더라고요. 제가 처음으로 하나님을 만나게 된 곳, 또 평생을 함께할 사랑하는 동역자들을 얻게 된 곳, 그곳에는 항상 아버지와 같은 목사님이 계셨죠. 정말 감회가 새로웠어요. 그때보다 빈자리가 많아서 마음이 안 좋기는 했지만, 아이들의 밝은 모습을 보니 너무 좋았어요. 제가 이번에 맡은 아이들은 고1 학생 6명인데, 과연 목사님처럼 아이들과 함께 웃고 울어줄 수 있는 교사가 될 수 있을지 모르겠어요. 아무튼 오늘은 목사님 생각이 많이 나는 하루였어요. 목사님, 앞으로 자주 고민 상담할지도 몰라요. '아이들이 이렇게 행동할 땐 어떻게 해야 할까요?'라고….

목사님을 보면서 더욱 아이들을 향한 사랑의 맘으로 겸손히 서야겠다는 생각이 들어요. 사랑합니다. 항상 건강하세요."

꿈이 있는 백성은 결코 죽지 않는다

한 아이가 나에게 보낸 편지 중 일부이다.

> 목사님, 안녕하세요. 저는 고잔고등학교 3학년 찬양 팀이었던 OOO예요. 목사님! 하나님을 알게 해주셔서 정말 감사해요. 이 말을 꼭 하고 싶었어요. 저는 6학년 아니 중학교 1학년 초까지 하나님께 예배드리러 교회 나오는 것이 아니라, 친구들을 만나러 교회에 왔었어요. 그런데 이제는 하나님께 예배드리러 교회에 와요. 이전에 알지 못했던 하나님을 수련회에서 만났기 때문이에요. 하나님을 만날 수 있는 기회를 주셔서 정말 감사해요. 목사님의 설교를 들을 때마다 조금씩 더 나은 길로 가는 것 같아 너무 기뻐요. 목사님을 만나게 해주신 하나님께 정말 감사드려요. 목사님을 평생 잊지 못할 거예요. 목사님, 너무 감사하고 사랑해요.
>
> 목사님을 존경하고 사랑하는 OOO 올림

사춘기 시절 나는 15번의 무모한 가출을 시도했다. 그때는 그것이 유일한 탈출구였다. 그러나 그런 방황 끝에 만난 구원자 예수님은 나의 인생을 완전히 뒤바꿔 놓았다. 그때 나를 지도해 주셨던 간사님과 선생님들은 지금도 내 인생의 멘토이다.

지난 17년 동안 만났던 수천 명의 학생들을 나는 잊을 수가 없다. 새벽에 가출한 아이를 데려와서 두 시간이 넘도록 부모대신 무릎을 꿇고 학교에 선처를 구했던 일, 공부밖에 모르는 부모에게 반항하여 가출을 일삼던 아이를 겨우 설득하여 집으로 들여보냈건만, 여전히 변하지 않는 엄마의 태도에 분노와 절망으로 죽고 싶다고 절규하던 아이의 모습, 모두 다 잊을 수가 없다. 그토록 위태한 인생을 살던 아이들이 이제 조금씩 온전한 성인의 모습으로 변해가는 것을 바라보면서 감사의 마음을 금할 길 없다.

이 땅의 아이들은 우리의 소망이다.

우리는 예배를 마칠 때마다 항상 외치던 구호가 있었다.

"꿈이 있는 백성은 결코 죽지 않는다."

그렇다. 우리 아이들은 결코 죽지 않을 것이다. 왜냐하면 그들에게는 꿈이 있기 때문이다. 할머니가 무당이고 아버지가 스님인 집안에서 태어난 아이가 커서 목사가 되었다. 그것도 이 세상에서 가장 행복한 목사 말이다. 극도의 가난과 절망 가운데 있던 나를 하나님은 한 번도 상상할 수 없었던 새로운 나로 만들어 놓으셨다.

그렇다면 우리 아이들의 미래 모습을 누가 알겠는가? 아무도 모른다. 오직 하나님만이 아신다. 아무것도 상상하지 말라. 규정하지도 말라. 하나님은 이 아이들을 세상에서 가장 위대한 존재로 만들어 놓으실 것이다. 우리에게 꿈이 있는가? 그러면 결코 죽지 않을 것이다(행 2:17). 꿈이 있다는 것은 얼마나 큰 축복인가? 10대 아이들의 미래는 상상할수록 기대가 된다. 그럼 50대는 뻔한 인생이라고 생각하는가? 그렇지 않다. 나이와 상관없이 당신 안에 미래에 대한 기대가 있다면 당신은 꿈의 사람이다. 우리 안에 우리보다 크신 분이 계시기 때문이다. 그분이 우리를 통하여 어떠한 일을 행하실지 기대하라.

1부 이야기로 들어가는 청소년 사역

2부

이야기로 풀어가는
청소년 마음 읽기

READING MIND
TEENAGERS

처음부터 잘못된 질문

한 번은 의욕을 가지고 중학교 2학년 여자아이들 반을 맡은 선생님이, 맡은 지 한 달도 안 되어 울면서 찾아왔다.

"목사님! 도저히 못 하겠어요. 공과공부 시간에 아이들이 집중도 안 하고 말을 해도 아무런 대답이 없어요. 싫으면 싫다 좋으면 좋다 반응을 하지 않으니 도저히 참기가 힘들어요. 거기다 이제는 왕따를 시키는 분위기예요."

울먹이며 말하는 선생님의 말을 듣고 있자니 너무나 안타까웠다. 그러나 직접 부딪혀 해결하는 수밖에 다른 도리가 없어 선생님을 위로하고 다시 반으로 돌려보냈다. 그런데 한 주가 지났을 때 일은 터지고 말았다. 참다못한 선생님이 아이들 앞에서 펑펑 눈물을 흘린 것이다. 그러나 여전히 아이들은 자기 일이 아니라는 듯 아무런 반응이 없었다. 억장이 무너질 일이었다. 하지만 놀라운 일은 그 다음 주부터였다. 아이들이 반응을 하기 시작한 것이었다. 사실 표현은 하지 않았지만 아이들의 마음속에 서서히 선생님을 받아들이고 있었던 것이다.

이렇게 우리 어른들이 그들의 세계로 들어가는 것, 그들과 하나가 되는 것은 험난한 과정이 따른다.

'내가 아이들을 위해서 무엇을 할 수 있을까?' 이 질문 자체는 잘못된 것이 없다. 하지만 사춘기를 지나고 있는 청소년들에게는 어울리지 않는 질문이다. 아이들을 계속 접하다 보면 이러한 접근이 어울리지 않는다는 것을 금방 알게 된다.

아이들은 자기중심적인 사고가 아주 강하다. 이것은 부정적인 의미의 자기중심적 사고가 아니다. 그 나이 때는 건강한 자아상을 형성해 가는 시기이기 때문에 타인에게 쏟을 정신적인 에너지가 부족하다. 어쩌면 충분히 이기적인 다음에야 건강한 자기를 찾을 수 있을지도 모른다. 자기 그릇을 다 채우지도 못했는데 흘러 넘칠 수는 없는 것이다. 따라서 주변인인 교사가 아이들에게 가까이 다가갔을 때, 의도했던 것과는 달리 의외의 당황스런 반응 때문에 의욕을 상실하거나 낭패를 보는 경우가 많다.

청소년 사역이 어려운 이유 중에 하나는 청소년들 스스로가 어떤 것이 가능하고, 어떤 것이 맞는 것인지 그들 자신이 정확히 모른다는 것, 다시 말해 정확한 해답을 가지고 있지 않다는 것이다. 왜냐하면 아직도 그들 스스로 자신을 정립하지 못한 상태이기 때문이다.

십대 아이들은 아직 미숙한 존재이다. 현재 자신의 능력에 대한 확신이 없다. 그러기에 아이들에게 한 번 물어보라. 명확하게 대답하는 것이 거의 없다. 몰라서가 아니다. 알아도 확신이 없기 때문이다. 그래서 아이들이 주로 쓰는 말은 '몰라요', '귀찮아', '짜증나' 이런 식의 말들이다. 그 속에는 실제로 종종 자신들이 무엇을 원하는지 모른다는 의미가 깔려있다. 무엇을 원하는지도 모르는 아이들에게, 아이들이 원하는 것에서부터 출발한다는 것은 잘못된 것이다. 그래서 아이들이 원하는 것과 필요한 것을 구분할 줄 알아야 한다. 단지 아이들이 원하는 것만을 주는 것은 무모한 짓이다. 필요한 것을 주기 위해 잠시는 괜찮지만 아이들에게 무엇이 필요한가를 반드시 생각해야 한다.

대부분의 아이들은 재미있는 것을 원한다. 하지만 재미만을 추구하다가는 의미를 잃어버릴 수 있다. 프로그램도 마찬가지다. 필요에 초점을 맞추고 계획을 짜야 한다. 예를 들면 수련회와 같은 행사를 준비할 때 빠지지 말아야 할 것이 기도회다. 아이들이 원하는 것을 하되 정작 필요한 것을 빠뜨리는 우를 범하지 말아야 한다.

아이들은 좋아하는 것과 싫어하는 것에 대한 반응이 분명하다.

이것은 아이들의 발달심리상 지극히 정상적인 현상이다. 한 번은 아이들에게 좋아하는 연예인에 대하여 물은 적이 있다. 그런데 누구에게 뒤질 새라 보통은 말도 않던 얌전한 아이들이 쉴 새 없이 말을 쏟아 놓는 것이 아닌가? 중요한 것은 아이들이 무엇을 좋아하는지 아는 것이다.

가끔 나에게 사역에 관한 프로그램이 뭔지 물어오는 분들이 있다. 하지만 나에게는 특별한 것이 없다. 아이들을 정말 사랑하는 것밖에. 아이들을 사랑하면 그냥 아이디어가 쏟아져 나온다.

아이들을 진정으로 사랑하는가? 그러면 아이들을 알게 되고 이해하게 된다. 사람들은 나보고 힘들겠다고 말한다. 그러나 아니다. 난 전혀 힘들지 않다. 난 아이들이 너무 좋다. 얼마나 좋은지 내 피 속에 아이들의 피가 흐르는 것 같다. 아이들과의 사역은 내게 어려운 것이 아니다. 왜냐하면 아이들을 사랑하니까. 설령 그것이 짝사랑이어도 행복하다. 사랑하는 그 순간은 죽어도 좋기 때문이다.

아이들은 아직도 공사 중

"사춘기려니 하고 이해하려 해도 도대체가 이해가 안 돼요. 컴퓨터 앞에서 하루 종일 있으면서 말도 한마디 안 하고, 헤드폰만 낀 채 음악 듣는 일에만 몰두하고, 시험 기간에 공부 안 하냐고 말이라도 한마디 하면, 간섭하지 말라고 짜증은 있는 대로 내고…, 하도 답답해서 마주앉아 이야기라도 하려 하면 '몰라요', '싫어요', '안 해요' 라는 말만 돌아오니 어휴, 정말 속이 터져요."

청소년 자녀를 둔 한 어머니의 하소연이다. 가끔씩 부모들을 대상으로 청소년 심리에 대한 강의를 하게 되는데, 그때마다 부모들의 반응은 잘 이해할 수 없었던 자기 자녀들의 상태에 대해 알게 되어 가슴이 뻥 뚫린다는 것이었다.

대개의 부모들이 어릴 때의 자녀와 지금의 자녀가 왜 다른지 이해하지 못하는 경우가 많다. '예전에는 안 그랬는데 요새는 왜 그러는지 모르겠어요. 이럴 때는 어떻게 해야 하죠?' 이런 식의 물음들을 가지고 있다. 하지만 이러한 관심과 물음은 아이들의 발달심리를 좀더 이해하면 자녀들을 돕는 조력자로서의 부모나 교사가 될 수 있는 가능성을 보여준다. 그러나 상당수 어른들은 청소년들, 특히 중학생을 두려워하거나 꺼려한다. 적어도 그들에 대한 좋은 인상을 가지고 있지는 않다는 뜻이다. 내가 알기로도 대부분의 사춘기를 겪는 자녀의 부모들은 이 시기가 빨리 지나가기만을 학수고대한다.

초등학생 때에 아이들의 눈에 비친 어른은 권위, 지식, 힘 등을 가지고 있기 때문에 존경을 받을 수 있다. 하지만 중학교만 올라가도 아이들의 태도가 바뀐다. 어른들이 적잖이 당황하고 힘들어할 만큼 어른들의 권위에 도전하기를 좋아하고 공격적으로 변하기 때문이다. 청소년들에게 말을 걸어 보라. 대부분 좋은 느낌으로 대화하기가 힘들 것이다. 하지만 이것이 정상이라고 생각하면 별로 시험에 들 일이 아니다. 왜냐하면 청소년들은 하나로 규정하기가 어려운 시기이기 때문이다. 하루에도 열두 번 마음의 과녁이 더 움직이는 것이 사춘기 아이들의 특징이기에 아이들을 이해한다는 것이 더욱 어렵고 막연하게 느껴진다.

교사를 1년이나 2년 정도 하다가 그만 두는 선생님들의 공통적인 말 중에 하나가, 아이들이 자신들을 안 좋아하기 때문에 그만두고 싶다고 말한다. 하지만 이것은 오해다. 아이들이 단지 그렇게 행동하는 이유는 상대방인 선생님이 자신을 좋아하는지에 대해 확신이 없기 때문이다. 따라서 아이들의 행동이 당황스럽고 이해가 가지 않을 때는, 그런 행동을 통해서 아이들이 우리에게 이렇게 물어본다고 생각하면 된다. '선생님! 이렇게 행동하는 저를 여전히 좋아하세요?'

우리 중등부는 3년 담임제를 실시했다. 이것은 아이들과 교사들이 오랫동안 만나면서 겉으로만 아닌 마음까지도 주고받는 관계를 가지라는 데 초점을 맞춘 것이다. 3년을 만나다 보면 아이들과 선생님들 사이에 깊은 교감이 이루어지는 경우를 많이 보게 된다. 한 번은 스승의 날에, 고등학생 남자아이가 자그마한 선물을 가지고 중등부 때 선생님을 찾아와 감사의 마음을 전하는 것을 보았다. 그 아이는 중등부 때 그런 표현을 잘 하지 않는 아이였기에 선생님이 더욱 감격해 하는 모습을 볼 수 있었다.

청소년들을 처음부터 어른의 입장에서 단정하고 규정짓는 것은 위험하다. 왜냐하면 우리 아이들은 아직도 공사 중이기 때문이다.

교복을 찢어 버린 엄마

사춘기는 고쳐야 할 병이 아니다. 단지 기다려주면 된다. 누구나 한 번쯤은 겪는 아주 정상적인 것이다. 어떤 학생이 별안간 낄낄대다가 다시 멈추는가 하면 또 갑자기 눈물을 뚝뚝 흘리기도 하고, 어제는 활기찼던 아이가 오늘은 침울하기도 한 것이 사춘기의 청소년들이다. 이러한 아이들의 정상적이라고 보기 어려운 행동들이 실제로 아이들을 지도할 때 비정상적인 것처럼 보일 수도 있지만, 대부분은 건강하고 정상적인 행동이라고 보면 된다.

청소년기는 과거와 미래가 겹치는 전환기다. 과거의 경험적인 자기와 미래에 겪어야 할 불안한 감정 사이에서 아이들은 어린아이의 티를 벗어버리고 독특한 정체성을 가진 사람이 되려고 노력한다. 하지만 그러한 노력들은 대부분 어려움을 겪거나 실패하기

마련이다. 그래서 아이들은 기존의 권위에 대하여 심하게 반발하게 되는데, 바로 이것이 부모로부터 독립을 추구하려는 심리 때문이다.

어머니와 딸이 한 번은 교복을 줄여 입는 문제로 몇 주째 담을 쌓았던 일이 있었다. 아이가 교복을 줄여 입겠다는 것에 화가 난 엄마가 가위로 옷을 찢어버린 것이다. 나는 그 말을 전해 듣는 순간 가슴이 철렁했다. 도대체 이 일을 어떻게 수습할 것인가?

청소년들은 사실상 도움을 필요로 하면서도 정작 도우려는 부모에 대해서 자기 일을 방해하고 간섭하는 존재로 여긴다. 세심한 관심을 가지면 어린아이로 취급받는 것 같아 불평을 하고, 이런저런 충고를 하게 되면 마치 자기 위에 군림하는 것으로 느낀다. 이것은 청소년들의 자율성과 타율성의 중간에 해당하는 심리가 작용하는 것이다. 한편으로 어른이 되고 싶으면서도 어른을 싫어하고, 다른 한편으로 어린아이로도 남아있기 싫은 심리인 것이다. 이러한 심리를 '양가감정'(ambivalence)이라고 하는데, 다른 사람이나 사물, 상황 같은 하나의 대상물에 서로 대립하는 감정과 태도, 경향성이 동시에 존재하는 것을 의미한다.

이런 심리가 작용하는 청소년들이 현재 자신의 모습에 자신 없어 하는 것은 흔히 볼 수 있는 모습이다. 그래서 이상형을 동경하게 되고 주변에 의해 쉽게 영향을 받게 된다. 옷을 입을 때도 부모의 영향력에서 벗어나 친구들 사이에서 유행하는 옷이나 자기가 좋아하는 연예인들을 따라 입고자 한다. 그때는 단지 '예쁘다'라고 한 번 말해주면 된다. 아이들은 자신감이 떨어지기 때문에 자기가 현재 입고 있는 옷에 대해 남들의 시선을 많이 의식하고 있다. 그런데 그때 '너 그게 옷이니?' 하는 식의 말을 한다면 아이는 급격하게 심리적으로 좌절할 수밖에 없다. 교회에서 만나는 아이들의 옷차림이 어떤 때는 어른들의 시각에 어색하거나 이상하게 비추일 수도 있다. 하지만 그때 '너무 멋있다'라는 칭찬과 격려의 말 한마디야말로 우리 아이들에게 가장 필요한 말이며, 이런 말을 들으면서 아이들은 자신감을 갖고 성장하게 된다.

예전에 유명하신 가정사역자 목사님의 간증 가운데 들었던 한 이야기이다. 한 날은 목사님 아들이 그 당시 유행하던 피어싱을 눈썹에다 하고 들어왔다고 한다. 일반인도 아닌 목사인 아버지의 눈에 어떠했으리라고는 짐작하고도 남음이 있다. 하지만 그런 마음을 꾹 참고 아버지는 아들에게 "아들! 멋있어.… 그런데 좀 아프지 않니?"라고 칭찬을 하면서도 말끝에는 살짝 아버지의 진짜 마음을 전했단다. 그러나 아들의 돌아오는 대답은 "괜찮아요." 아버지의 마음을 알 리 없는 아들의 태평스런 대답이었다. 그래도 곧 빼겠지 하는 기대를 가지고 며칠 후 만난 아들은 여전히 변함없는 모습으로 아버지 앞에 서 있었다. 그러나 아버지는 동일한 태도로 아들을 대해주었다. 몇 달이 지난 후 어느 날, 아들은 그 볼썽사나운 눈가의 피어싱을 스스로 빼고 온 것이 아닌가? 이유가 궁금한 아버지가 물었다. "왜 그거 뺐어?" "아니 옷을 입고 벗으려니 자꾸 걸려서요." 아주 간단명료한 아들의 대답이었다. 그렇게 목사인 아버지와 아들의 미묘한 갈등은 끝이 났다.

　아버지로서 그 목사님의 태도는 매우 현명한 것이었다. 오히려 강하게 의견을 주장했더라면 아들은 그렇게 쉽게 태도를 바꾸지 않았을 것이다.

　청소년들의 튀는 행동은 양가감정 속에 흔히 나타나는 행동양상이다. 이때 어른들이 해야 할 일은 비난하고 다그치기보다 격려해주고 기다려주는 것이다. 그러면 아이들은 금방 싫증을 내고 원래의 모습으로 돌아온다. 그리고 스스로 생각한다. '별거 아니네!'

수련회 일곱 공주

다른 때는 잘 참석을 안 해도 수련회는 빠지지 않고 참석을 하는 여자아이들이 있었다. 이른바 수련회 칠 공주다. 그런데 이 아이들이 입고 오는 옷이 문제였다. 옷들이 다 화려할 뿐아니라 약간의 노출이 있어서 사람들의 주목과 눈총을 한 몸에 받기 때문이었다. 그러나 정작 아이들 자신은 별로 대수롭지 않게 생각하는 듯 했다. 또 칠 공주들은 대개 비슷하거나 거의 똑같은 옷을 입고 다니면서 자신들의 우정을 과시했다. 문제는 다른 아이들과의 관계였다. 도통 다른 아이들과는 어울리지 않고 자기들만의 독특한 성을 쌓으려 하는 것이다. 교사들이 걱정스러운 눈빛으로 바라보면서 이야기도 했지만, 단번에 시정되지는 않았다. 그러나 시간이 지나면서 몇 번의 우여곡절을 겪고 난 뒤, 칠 공주 아이들의 옷은 자연스럽게 다른 아이들의 스타일과 동화되었으며, 관계도 원만하게 이루어졌다.

자기 주변의 사람들과 같아지고자 하는 이러한 욕구는, 청소년들이 자신의·정체성을 형성해가는 과정 가운데 흔히 일어나는 것으로 매우 중요한 과업이다. 자아정체감을 명확하게 규정하지 못한 시기에 청소년들은 자신과 또 다른 존재들과 비교하거나 그들과 경쟁함으로써 자신의 능력이나 자존감을 높여간다. 그들에게 있어서 그 대상은 아주 중요한 역할을 한다. 특히 가정의 울타리를 벗어나 친구관계에서 소속감을 느끼는 것과 자기를 인정해주는 사람들과의 관계는 그들에게 매우 중요한 의미를 갖는다. 따라서 친구들과 동일시하는 행동이나, 자기가 좋아하는 연예인에 집착하는 현상은 아주 정상적이고 건강한 모습이라고 할 수 있다. 단순하게 누구를 좋아한다거나 동일시하는 것이 아니라, 또 다른 나를 찾아가는 과정이기 때문이다. 그러므로 이러한 것을 반대한다거나 어렵게 하는 것은 오히려 아이들을 잘 모르고 하는 태도이다. 아이들은 자신이 미래에 어떤 사람이 될 것인지에 대해 불안해하면서도, 보잘 것 없는 어떤 존재가 되는 것은 두려워한다. 그래서 평소에는 조용하던 아이가 옷이나 외모 때문에 부모와 부딪히는 경우가 있다면, 그것은 이러한 행동을 통해 자신을 시험해보고, 자아를 찾아가는 과정 중이라고 보면 된다.

매스미디어의 영향력은 강력하다. 특히 그들은 십대에게 초점을 맞추고 조직적으로 그들의 불안감을 부추긴다. TV는 그들의 여드름을 확대하여 보여주기도 하고, 멋있어 보이는 연예인을 통해 우리의 모습이 초라하게 느껴지도록 하게 하기도 한다.

　매스미디어 이론 중에 '침묵의 나선이론'이 있다. 이것은 자신의 의견이 소수자의 의견에 속해 있다면 고립의 두려움 때문에 자기 의견을 표현하지 않고 침묵을 지킨다는 이론인데, 아직 정체성이 확립되지 않은 아이들의 경우 자기보다 더 나은 존재에 대한 동일시의 심리 때문에, 옷이나 외모에 대해 자기만의 스타일을 주장하기보다 전체적인 흐름에 쉽게 동화되는 것으로 나타나게 된다. 따라서 아이들은 남들과 비교하면서 서서히 진정한 자기를 발견해 나가는 과정을 겪고 있는 것이다. 중요한 것은 이러한 시기에 교회의 역할이다. 교회가 따뜻한 가정과 같이 끊임없는 격려와 위로를 해주며 아이들과 함께해야 한다. 그럴 때 아이들은 건강한 자아를 찾아가게 될 것이다.

선생님 좀 바꿔주세요

우리가 아이들을 좋아하고 사랑한다는 것은 분명한 사실이다. 하지만 그것만으로는 충분하지 않다. '기술'이 필요하다. 이러한 '기술'은 우리가 아이들을 좀더 잘 이해할 때 얻어질 수 있는 것이다.

부서를 성공적으로 이끌어 나가려면, 여러 가지 프로그램이나 일들을 추진하는 것도 중요하지만, 본질적으로 더 중요한 것은 관계이다. 우리가 아이들과 관계를 잘 맺지 못하거나, 아이들을 좋아할 수 없다면, 그 사역은 실패했다고 봐도 과언이 아니다.

특히 중등부의 경우, 프로그램이나 반 편성을 할 때 항상 교사가 누구냐를 먼저 질문한다. 일의 내용과 순서보다는 어떤 사람과 함께하는가가 더 중요한 문제인 것이다. 고등학생의 경우에는 프로그램에 따라 참석여부를 결정하기도 하지만, 중학생의 경우는 내용엔

별로 관심이 없다. "일보다 중요한 것은 사람이다"라는 말이 이 아이들에게는 아주 잘 적용된다.

종종 내게 와서 교사를 바꿔 달라고 하는 아이들이 있다. 곤혹스러운 일이다. 하지만 먼저 우리가 그들을 이해하기 위해 노력한다면 아이들이 그렇게 행동하는 것을 미연에 방지할 수 있다. 사람은 어릴수록 옳고 그름에 대해 자기본위의 판단을 하는 경향이 있다. 그것이 좋지 않은 것임에도 불구하고, 발달 단계에 있는 아이들에게 나타나는 미숙함이다.

어떤 프로그램을 진행할 때였다. 중학교 2학년 여자아이들이 오더니 갑자기 선생님을 바꿔 달라고 하는 것이다. 이유인즉 자기들과 너무 안 맞는다는 것이다. 나중에 그 아이들과 젊은 여자 선생님이 서로 눈물바다를 이루고서야 일단락되었는데, 이 문제가 얼마나 중요한지에 대해 충분한 교훈을 남겼다. 교사들이 잠시 잠깐 음악적인 재능이나 멋진 외모로 아이들의 관심을 끌 수는 있지만 그것은 사실 이차적이다. 아이들이 우리를 진짜 좋아하는 이유는 우리의 외형적 조건이 아니라, 우리가 그들을 진심으로 좋아하고 그들의 말을 진심으로 들어주기 때문이다.

아이들은 부모나 교사가 자신을 이해해주길 원한다. 부족하지만 있는 그대로 받아들여지기를 원한다. 자신이 고쳐지는 것을 원하면서도 동시에 변화를 두려워하는 양면성을 가지고 있기에, 주변에 자기를 있는 그대로 인정해주는 사람이 필요한 것이다. 나머지는 그 다음의 문제다. 관계가 선행된 뒤, 그 사람들을 통해 변화를 추구하는 것이 바람직하다. 나와 친밀한 관계도 아닌 사람이 와서 말하기 시작하면, 그것은 이미 잔소리와 참견으로밖에 안 들린다.

청소년들은 변화에 대한 두려움이 있다. 하지만 한곳에 머물러 있는 것도 싫어한다. 끊임없이 변화를 추구하는 과정에서, 아이들은 실패를 경험하기도 한다. 그것이 이성교제일 수도 있고, 성적일 수도 있으며, 학교생활이나 친구와의 관계일 수도 있다. 이때 아이들이 겪는 혼란은 그들에게 아주 큰 짐이 된다. 그래서 이런 경우 아이들에게는 격려와 지지를 해줄 존재가 필요하다. 그것이 부모라면 가장 이상적이겠지만, 그렇지 못할 경우에는 친구나, 다른 지지해 줄 수 있는 어른이 필요하다. 아이들에게 이러한 존재가 있을 때에 비로소 건강하게 이 시기를 지날 수 있게 된다.

이전에 어떤 아이와 상담을 한 적이 있었다. "목사님! 저한테 시간 좀 내주세요." 이야기한 지 2시간이 지났지만 아이가 말하는 것은 아주 사소한 이야기들뿐이었다. 하지만 인내를 가지고 오랜 시간 아이의 말을 들어주었다. 들어준다는 것의 능력을 발휘한 순간이었다. 그 후 이 아이는 자칭 나의 '광팬'이 되었다. 내가 한 일이라고는 단지 들어준 것뿐이지만, 이 아이에게는 자기를 인정하고 받아주었다는 사실이 굉장한 기억으로 남았던 것이다.

아이들은 자신의 일을 말할 때 흔히 과장하는 경향이 있다. 그만큼 갈급한 것이다. 우리에겐 어쩌면 허무맹랑하고, 사소한 말처럼 들리기도 하지만, 무엇보다 먼저 그들의 친구가 되어 주고, 그 후에 어른으로서 충고나 비판을 해도 늦지 않다. 그리고 분석은 맨 마지막에 하는 것이다. 어른들의 입장에서 좀 이해하기가 어렵더라도, 그들에게 우리의 생각을 강요하는 것은 좋은 지도방법이 아니다. 아이들이 마음에 상처를 입고 아파할 때 필요한 것은, 그냥 감싸주고 이해해주며 그들을 안아주는 것이다. 아이들이 원하는 것은 단지 이것이다. 이것을 모르기 때문에 어른들이 실수를 한다. 차라리 거짓말이라도 먼저 믿어 줘라. 그리고 친구가 되어주라. 그 후에 충고와 의견을 말하라. 그러면 아이들은 받아들일 수 있다. 이것이 진정으로 그들을 돕는 길이다.

친밀감

찬양 팀을 하는 아이 중에 하영이라는, 자신감이 넘치는 여자아이가 있다. 무엇을 하든지 열심히 할 뿐 아니라, 얼굴에도 항상 자신감이 넘친다. 교사들과도 늘 관계가 좋고, 동급생 아이들에게도 인기가 많은 친구다. 그런 하영이를 보면 다른 사람과 금방 친해질 뿐 아니라, 친밀감도 아주 높은 것을 볼 수 있다.

친밀감이라는 단어는 청소년을 이해하는 데 아주 중요한 단어이다. 사람들과 가까워지는 과정에서 자기 자신을 드러내는 데 두려움을 갖지 않고, 다른 사람에게 솔직하고 배려있는 태도로, 좋은 관계를 형성할 수 있는 감정을 의미한다. 아이들 중에 유달리 사람들과의 관계를 힘들어하는 아이들이 있다. 이것은 부모와의 관계에서 그 이유를 찾을 수 있다. 아이들은 대개 엄마 품에 안겨있는 한 살,

두 살 때에, 가장 절대적인 존재인, 엄마와 깊은 친밀감을 형성한다고 한다. 그런데 이러한 친밀감을 형성하지 못한 아이들은 나이가 들어가면서 새로운 세계를 접하게 되고 낯선 이들을 만나게 될 때, 거절감이나 두려움 같은 감정을 느끼게 된다.

다윗은 친밀감에 굶주린 마음의 소유자였다. 그 증거가 시편에 많이 나온다. "여호와는 나의 목자시니 내가 부족함이 없으리로다"(시 23:1), "하나님이여 주는 나의 하나님이시라 내가 간절히 주를 찾되 물이 없어 마르고 황폐한 땅에서 내 영혼이 주를 갈망하며 내 육체가 주를 앙모하나이다"(시 63:1). 그가 이런 힘겨운 마음의 고백을 할 수밖에 없었던 것은 아버지 이새의 사랑을 받지 못했기 때문이다. 이것을 보여주는 에피소드가 사무엘서에 나온다.

그날은 사무엘이 왕을 찾아 기름을 붓기 위해 이새의 집에 찾아온 날이다. 당대의 최고 영적 지도자인 사무엘이 와서 기름을 붓는다고 하니 얼마나 영광스러운 일이었겠는가? 그런데 일곱 명이 다 나와 사무엘 앞을 지나가는데 아무에게도 기름을 붓지 않는다. "다 왔는가?" 하고 사무엘이 물으니, 이새는 비로소 "하나가 더 있긴 한데 들에서 양을 칩니다"라고 답을 한다. 이새가 얼마나 막내아들에게 무관심한지를 보여주는 장면이다.

사람은 누구나 사랑받고 싶은 마음을 가지고 있다. 그것도 나에게 의미있는 대상에게서 말이다. 그런 사람을 권위의 인물이라 하는데, 대개 아버지가 그런 대상이 되는 경우가 많다. 지나가는 아저씨, 아줌마가 나에 대해 인정하지 않는 것은 상관없다. 하지만 내게 권위가 있는 부모님이나 목사님, 선생님의 경우는 다르다.

다윗은 야곱처럼 굶주린 마음의 상처 때문에 사람에 대해 집착을 많이 했다. 특히 여자에 대해 집착한 것을 볼 수 있는데, 그가 성적인 범죄를 저지르기는 했지만, 그것은 사실 성에 대한 집착이 아니라 사랑에 대한 갈구였다. 다윗은 자식에 대한 집착 역시 대단했다. 아버지에게서 받지 못한 사랑을 그 누군가를 통해 받고자 한 것이다.

종종 친밀감이 부족할 경우 그것을 대체할 다른 것에 집착하기도 한다. 이러한 집착이 무서운 이유는 중독으로 발전하기 때문이다. 일 중독, 알코올 중독, 담배 중독, 도박 중독, 오락 중독, 쇼핑 중독 등. 이런 일련의 중독 행위는 사랑의 결핍에서 오는 경우가 많으며, 위로받고 싶고, 격려받고 싶은 마음에서 비롯된다고 볼 수 있다. 이처럼 아이들이 친밀감 부족을 호소하는 대부분의 이유는, 오늘날 맞벌이 부부가 늘어나고, 아이들이 집밖에서 지내는 시간이 많아졌기 때문이다. 이러한 친밀감의 부족은 아이들의 행동과 언어에도 많은 영향을 미치고 있다.

따라서, 교회에서 교사들이 아이들을 효과적으로 돕는 일은, 더욱 깊은 관계 속에서 지속적인 친밀감을 쌓아갈 때 가능하게 된다.

수련회 가고 싶어요

한 번은 지영이라는 아이에게서 전화가 왔다. 여름 수련회를 가고 싶은데 엄마가 반대를 하신다는 것이었다. 전화를 해서 지영이 어머니를 설득해 보았지만, 학원 때문에 안 된다는 답변만 되풀이하셨다. 결국 지영이는 수련회를 가지 못했고, 가을쯤에는 율동 팀 활동도 띄엄띄엄 하더니, 부모의 등살에 못 이겨 나중에는 교회도 나오지 않게 되었다. 그리고 몇 년이 지난 후 지영이를 다시 만나게 되었다. 그때 만난 지영이는 너무나 많이 변해 있었다. 술과 담배에 찌들어 있었고, 그토록 순수했던 모습은 온데간데없이 사라져버렸다. 그런 아이의 모습에 실망과 안타까움이 교차했다. 그리고 다시 교회에 나오라고 권유했을 때 지영이는 갈등을 하는 듯 하더니, 내 홈페이지에 다시 교회에 나오겠다는 글을 남겼다. 하지만 아직도 지영이는 그 생활에서 벗어나지 못하고 있으며, 어머니도 그때 교회를 보내지 않은 것을 후회하는 눈치였다. 늦은 감이 있어 안타깝고 아쉬운 생각이 들었지만 난 지영이가 다시 돌아올 것이라 믿고 확신한다.

아이들의 인성교육의 해법은 공동체이다. 학원이나 과외를 통해서 영어 단어 하나, 수학 공식 하나는 더 배울 수 있을지 모른다. 그러나 아이들이 교회라는 건강한 공동체에서 자랄 경우, 이것은 다른 어떤 것보다 아이들에게 좋은 환경을 조성해 줄 수 있는 길이다.

에릭슨(Erikson)의 성격발달이론을 살펴보면, 태어나서 노년기에 이르기까지를 8단계로 나누어, 각 단계의 문제점과 여러 가지 갈등에 대해서 언급하고 있다. 각 단계는 고정된 순서로 전개되며, 각 단계별로 성취해야 할 발달과업이 있음을 말하고 있다. 에릭슨의 발달단계에 대한 구분이 피아제(Piaget)나 콜버그(Kohlberg)의 구분과 다른 점은, 어느 한 단계를 성공적으로 통과하지 못해도 다음 단계를 경험한다는 점이다. 에릭슨은 프로이드(Freud)가 고려하지 않은 사회·문화적 요인을 성격발달과 연관지어, 정신기능의 중심요소로서 자아를 강조했다. 프로이드는 성격발달이 사춘기에 완성된다고 보았으나, 에릭슨은 노년기에 이르기까지 성격발달이 이루어진다고 보고 있다.

중요한 것은 현재 아이들이 충족해야 할 심리적 만족감을 충족시키지 못할 경우, 그 부족함을 어느 시기에서든지 다시 충족하려는 행동을 한다는 것이다. 아이들은 지금 그들 안에 충족시켜야 할 공부가 있다. 그것은 국어, 영어, 수학이 아니라 그들 내면에 충족시켜야 할 정신적 발달과업인 것이다. 현재 눈 앞에 놓인 공부 때문에 심리적 굶주림을 해결하지 않을 경우, 아이는 그것을 충족하려는 마음을 숨겨놓았다가 기회가 되면 언제든 그것을 충족하기 위해 돌출행동이나 문제를 일으킬 것이다. 지영이가 그랬던 것처럼 말이다.

코카콜라와 아이들의 성(性)

청소년들의 성(性) 이야기를 하다보면 부모들에게 다 하지 못하는 이야기가 더 많이 있다. 실제 아이들과 개인적으로 나누었던 이야기는 무덤까지 비밀로 해야 하는 것이 원칙이기 때문이다. 그러나 교회 안에 있는 아이들조차도 성에 대해서 무방비 상태라는 것을 기억해야 한다. 지금도 아이들의 사연을 생각하면 가슴이 아플 때가 많다. 다시 한 번 하지만 가장 중요한 것은 예방이다.

이전에 코카콜라를 가지고 설교를 한 적이 있다. 설교 중에 따지 않은 캔 콜라를 들고 아이들에게 물었다. "콜라 먹고 싶은 사람?" 아이들 거의 대부분이 손을 들었다. 그리고 아이들의 관심을 콜라에 집중시킨 채 말했다. "성은 따지 않은 코카콜라와 같습니다. 콜라 캔 뚜껑을 조심스럽게 따야 하는 것처럼 우리의 성도 마찬가지로 조심스럽게 다루어야 합니다.

아이들은 성에 대해 관심이 많다. 하지만 그것이 얼마나 무서운지는 잘 모른다. 아니 아예 모른다고 할 수 있다. 흔히 어른들은 성문제가 소위 노는 아이들의 전유물인 것처럼 생각하지만, 그것은 오해다. 우리 주변 가장 가까이 있는 아이들에게서 놀라운 고백을 듣게 되는 일이 부지기수다.

보다 바른 이해를 위해서 청소년의 성에 대한 자료를 살펴보자.

청소년의 성(性)에 대한 각종 보도 자료

- 40.6%의 중학생과 41.3%의 인문계 고등학생, 53.5%의 실업계 고등학생이 "현재 이성교제 중이거나 이성과 교제한 경험이 있다"고 밝힌다(학생생활의식 실태조사, 한국교원단체 총연합회, 1998. 9).

- 62.2%의 한국 청소년이 혼전 순결은 필요 없다고 생각한다. 79.5%의 남학생과 44.5%의 여학생이 혼전 성관계도 괜찮다고 생각한다(서울 중구보건소 조사, 국민일보, 1999. 11. 27).

- 원조교제에 나서는 여성 3명 중 1명은 여중생이다. 또한 티켓다방이나 단란주점, 룸살롱, 윤락업소 등 대표적 청소년 유해업소에 고용된 여종업원 중 46%가 18세 미만의 여성이며, 이들 중 52.8%는 가출소녀들이다(대검찰청, 1999. 2.).

- 16.2%의 남자 고등학생이 성관계를 가진 경험이 있으며, 그 중 20.4%가 고등학교 2학년생이다. 성관계 대상의 74.7%는 여자 친구이며, 16.6%는 윤락여성이다('청소년의 성행위에 대한 고찰', 한국아동복지학 8호, 1999).
- 성관계 경험을 가진 남자 고등학생 중 52.2%만이 성관계를 할 때 피임을 하였다('청소년의 임신, 출산의 경향과 사회적 대책', 윤혜미, 1999).
- 7.5%의 여자 고등학생이 성관계를 한 경험이 있으며, 그 중 43%는 고등학교 이전에 경험했다. 여자 고등학생의 성관계 대상 중 63.8%는 남자 친구이며, 6%는 친척이다. 여자 고등학생의 경우는 강요에 의한 성관계를 많이 경험하며, 성관계 경험자 중 37.9%가 2~7회 정도의 경험을 갖고 있다. 그러나 20.4%의 여자 고등학생만이 피임을 실천하고 있다('청소년의 성행위에 대한 고찰', 김기환, 1999).
- 38.7%의 한국 청소년은 결혼 상대자가 성 경험이 있다면 기분 나쁘지만 어쩔 수 없이 받아들이겠다고 답했으며, 34.1%는 절대 용납할 수 없다고 한다(고등학생들의 성의식, 내일신문 289호).

이렇듯 성 문제는 최근에 들어 더욱더 노골적으로 청소년들에게 깊이 파고들어 문제를 일으키고 있다.

사춘기가 되면 아이들에게는 어른이 되기 위한 새로운 생리적 현상이 나타난다. 컴퓨터에 새로운 프로그램이 설치된 것처럼 몸에 낯선 변화들이 나타난다. 호르몬 분비로 변성기가 오고, 근육이 더

탄탄해지며, 얼굴에 여드름이 나기도 한다. 그래서 이 시기에 청소년들은 갑자기 생기는 외모의 변화에 거울을 자주 보게 된다. 그리고 부모가 심리적으로 혼란스런 청소년들에게 핀잔을 주거나 부끄러움을 주게 되면 자연히 부모와 대화를 꺼리게 된다. 신체도 변하고 생각도 변해 힘들어 하는 사춘기 청소년들에게, 부모들이 "신앙적으로 어긋났다", "누가 이렇게 가르쳤냐?"며 압력을 넣게 되면 아이는 더욱 부모와 멀어지게 될 수밖에 없는 것이다.

어디서부터 문제인가? 이런 혼란스런 아이들에게 가정에서 적절한 도움을 주지 못하는 것이 그 출발점이다. 부모가 진심으로 그들을 안아주고 이해해주지 않고, 오히려 그들을 부끄럽게 만들면서 적절한 가르침을 주지 않기 때문에 오늘날 청소년들이 성 문제를 비롯한 각종 문제를 일으키는 것이다.

요즘 한국 교회에서 '순결서약식'이 유행처럼 번지고 있다는 기사를 읽었다. 물론 순결서약식은 아주 좋은 프로그램이다. 하지만 또 다른 측면에서 생각해야 할 필요성이 있다. 순결서약식을 하기 이전에 먼저 그 아이들과 일대일로 상담해 보았는지, 그들 중에 이미 성(性)에 대한 경험을 한 학생은 없는지, 혹 그런 사실로 인해 양심의 가책을 느끼면서 그저 형식적으로 서약을 하는 학생은 없는지 말이다.

이제는 교회가 이런 문제에 관심을 가져야 한다. 혹 죄의식으로 고민하는 학생이 있다면, 신앙적으로 이들을 붙잡아 줄 의무가 교회에 있는 것이다.

심리적 이유식

교회에서 단기선교를 갔을 때의 일이다. 그 중 지혜라는 아이도 함께 했는데, 왜소한 체격에 소극적인 성격을 가진 아이였다. 하지만 아이들과 곧잘 잘 어울렸다. 문제는 부모가 아이를 너무 과잉보호한다는 사실이었다.

대부분의 부모님들은 전화를 거는 경우가 거의 없다. 자녀와 교회를 믿고 그냥 맡기는 편이다. 그러나 지혜의 부모는 유난히 극성스럽다. 수차례나 전화를 해서 무엇을 부탁하거나 요구하는 바람에 여간 성가신 게 아니었다. 부모의 마음이야 다 똑같겠지만 좀 과하다는 생각이 들었다. 대부분의 요구들은 다른 아이들보다 조금 더 일찍 보내달라는 것이나, 좀더 편의를 봐 달라는 것들이었다. 내 자식 귀하면 남의 자식도 귀한데 말이다. 우여곡절 끝에 지혜를 데리고 단기선교를 다녀왔는데, 아쉬움이 많이 남았다.

평상시 지혜는 수련회를 가더라도 늘 부모에게 매달리는 편이었다. 부모 역시 시간이 멀다하고 아이를 체크하는 통에 전화가 불이 날 지경이었다. 이런 부모의 과잉보호 때문에 지혜는 자기 주도적인 삶의 태도가 많이 결여되어 있었다.

'홀링워스'(Hollingworth)가 청소년기를 '심리적 이유기'라고 표현했듯이 사춘기는 심리적인 이유식을 하는 시기이다. 아이에게 이유식이 스스로 밥을 먹기 위한 준비단계인 것처럼 우리 청소년들도 정신적으로 독립을 준비하는 과정인 것이다. 아이들은 이 과정을 통해 진정한 독립과 함께 자신의 인생을 찾아가게 된다. "나 이제 독립하고 싶어요. 혼자 밥 먹고 싶어요"라고 아이들이 외치고 있는 것이다. 이때 부모는 자녀를 심리적으로 떠나 보낼 준비를 해야 한다.

이처럼 사춘기는 아이들이 부모와 정서적으로 연합된 상태에서 독립된 존재가 되어가는 과정이다. 이것은 흔히, 자기 생각을 주장하거나, 부모의 말에 저항하는 특징으로 나타나기도 한다. 부모가 평소에 아이에게 수용적이었거나, 관계가 잘 형성된 경우에는 이 홍역을 아주 건강하게, 그리고 힘들지 않게 지나지만 반대의 경우에는, 아이가 자기를 찾는 과정에서 불안과 긴장이 커지고, 부모와의 감정의 골이 깊어져, 어려움을 호소하게 된다. 따라서 사춘기 홍역은, 그 시기가 닥쳤을 때 지혜롭게 대처하겠다 해서 잘 치를 수 있는 것이 아니라 그 시기가 오기 전에 충분히 수용하고, 사랑과 지지를 보내며, 친밀한 관계를 형성할 때 건강하게 보낼 수 있는 것이다.

사춘기의 오묘함은 무엇인가? 그것은 사춘기를 통해, 아이뿐만 아니라 부모도 성장한다는 사실이다. 대개의 부모들이 첫 아이의 첫 사춘기인, 미운 일곱 살을 지혜롭게 다루지 못하므로 그 시기에 아이들이 위축되거나 건강한 자아상을 갖지 못하는 경우가 많다. 따라서 부모들은, 과거의 자신들의 실수와 무지를 아이들의 두 번째 사춘기 때에는 반복해서는 안 된다.

좋은 부모는 아이를 놓아줄 줄 안다. 아니 어떻게 하면 지혜롭게 놓아줄까를 고민한다. 그들의 기쁨은 아이 스스로 자아를 찾고, 인생의 길을 바르게 걸어가는 모습을 지켜보는 것이다. 예수님도 "내가 떠나가는 것이 너희에게 유익이라"(요 16:7)고 하시며 성령님께 그 자리를 내어드렸듯이, 아무리 훌륭한 지도자이고 멘토라 하더라도 각 사람을 자신의 제자나 자신의 종이 아닌, 하나님의 영으로 인도함을 받는 사람, 즉 하나님의 아들로 놓아 주어야 한다.

과잉보호를 받는 아이들은 아무것도 할 수 없는 나약한 존재가 된다. 캥거루 족(취직할 나이가 되었는데도 취직을 하지 않고 부모에게 얹혀살거나, 경제적으로 독립하지 못하여 부모에게 의존하는 사람을 가리키는 말 – 편집자 주), 피터팬 증후군 같은 것들이 이러한 상황을 잘 보여준다.

　아이를 독립적인 인격체로 인정하라. 혹시 아이를 자신의 분신처럼 여기는 건 아닌지 살펴보라. 부모에게 의존하는 자녀라면 오히려 더 어려움에 직면하게 하라. 청소년기에 겪는 여러 가지 더 어려움은 어려움 그 이상의 유익이 있다. 교회에서 하는 단기선교 같은 활동도 아이들이 고생하면서 신앙을 배울 수 있는 좋은 프로그램이 될 수 있다.

진규의 가출

진규의 부모님은 신앙생활도 잘 하시고 가정에도 별 문제가 없는데, 아들인 진규 때문에 마음 고생을 심하게 하고 계셨다. 내가 봐도 그 아이의 방황은 좀 의외였다. 집안 분위기도 좋은데 왜 아이가 가출을 했는지, 오랜 기간 청소년 사역을 한 나도 잘 이해가 되지 않았다.

그러나 시간이 지나면서 진규는 정상적인 삶을 찾아가기 시작했고, 지금은 가정이나 학교에서 아주 잘 적응하고 있다. 어쩌면 진규는 자기를 찾아가는 여행을 좀 심하게 한 것이 아닌가 싶다.

진규가 방황할 당시 부모님은 아이를 위해 여러 가지 방법을 다 동원하셨지만, 진규의 가출은 계속 이어졌다. 집안이 어렵다면 그나마 이해가 가겠지만, 진규의 경우는 좀처럼 이해가 가지 않았다. 그러나 부모님은 나와 약속을 했다. 그냥 진규를 내버려두고, 계속 격려하고, 위로하는 일에만 집중하기로 말이다. 처음에는 불안해하기도 하셨지만, 부모님은 믿고 따라주셨다. 결국 진규는 얼마 지나지 않아 방황을 끝내고 집으로 돌아왔다. 나중에 안 사실이지만, 진규는 아버지와 약간의 갈등이 있었다고 한다. 그러나 착하게도 자기 자리로 돌아와준 진규가 기특하기 그지 없었다.

청소년들 중 60퍼센트 정도는 정체성에 관한 문제를 쉽게 해결한다. 부모와의 관계가 원만하고 건강한 부모상을 가지고 있는 청소년들은, 비교적 부모와 다르지 않은 자신의 모습에 만족하며, 특별한 갈등 없이 부모의 가치관과 생활습관, 미래에 대한 기대들을 받아들인다. 그러나 30퍼센트 정도의 청소년들은 우여곡절이 있는 청소년기를 보내게 된다. 부모와의 갈등이 있고, 부모와의 관계가 원만치 않은 가정에서 자라는 청소년들이 바로 그들이다. 그리고 나머지 10퍼센트는 방황을 하며 매우 어렵게 청소년기를 보내는 경우이다.

청소년기 초기에는 자신과 주변을 구별하는 단계를 거친다. 지금까지 자라온 자신의 모습 속에서 다른 타인의 모습을 발견하게 되는데, 이것은 어린 시절 무언가 다른 세계를 만났을 때, 주변의 물건을 만져가면서 세상을 알아가는 것과 같다. 이때 부모의 역할이 중요한데, 아이들이 무엇을 만지려 할 때 아이를 보호하려는 의도로 그것을 모두 차단한다면, 아이는 결국 부모의 품 안에서 벗어나지 못하고 더 이상 다른 세계를 접촉하는 데 불안해하거나 부모에게 종속적인 아이가 될 수 있다. 따라서 아이는 주체적인 사고를 가진 아이로 자라기보다, 부모 없이는 어떤 것도 할 수 없는 아이가 되고 만다. 심지어 이러한 행동은 아이가 자라 사춘기가 되고 성인이 되었을 때조차 장애물이 된다.

청소년기에는 현재의 자신을 외부세계와 비교함으로써 자신이 가진 것이 어떤 것인지를 규정하려고 한다. 진규의 경우에도 중학교에 올라가면서 또 다른 세계에 대한 호기심이 발동하여 그 세계를 한 번 경험해보려는 돌발적 행동이 나타난 것이라 생각한다. 아이들은 이렇게 자신의 장난감을 가지고 놀다 그것이 별거 아니라고 생각하면 흥미를 잃고 또 다른 장난감에 관심을 보이게 된다.

아이들은 이러한 과정을 통해서 세상을 알아가고 세상에 대한 호기심과 자신감을 동시에 충족시킨다. 즉 자신과 다른 세계의 이것저것을 만져 보면서 자신과 외부세계를 구별해 나가는 것이다. 그것이 진규의 경우에는 가출이라는 극단적인 방법으로 나타났던 것이다. 이러한 건강한 성인으로 자라가기 위한 과정을 기다려주고 지켜 봐준 부모에게 칭찬과 상을 드리고 싶다.

지훈이의 오토바이 사건

지훈이는 꿈이 많은 아이다. 지훈이의 꿈은 태권도로 하나님께 영광을 돌리는 것이었다. 그 꿈을 이루기 위해 학교도 옮길 정도로 의욕에 차 있었다. 하지만 운동의 강도가 강해지면서 힘들어하는 내색을 보이더니, 결국 이런저런 유혹을 받는 듯 했다. 어느 날 지훈이의 엄마가 놀란 목소리로 전화를 하셨다. 지훈이 옷에서 담배를 발견했다는 것이다. 청소년들이 담배와 술을 접하는 경우가 많기는 하지만, 지훈이는 그럴 아이가 아니었기에 부모님은 많이 놀라셨다. 주중에 나는 지훈이를 불러 자초지종을 들어보았다. "왜 그랬니?" 지훈이는 자신이 직접 담배를 핀 것이 아니라, 친구의 것을 가지고 있다가 엄마의 오해를 산 것이라 했다.

다행히 사건은 그렇게 마무리 되었다. 문제는 한 달 후에 일어났다. 지훈이가 엄마 몰래 중고 오토바이를 구입해 친구들과 타고 다니다가 엄마에게 발각된 것이었다. 물론 오토바이를 탄다는 것이 전적으로 잘못된 일은 아니다. 하지만 문제는 지훈이가 자신의 꿈이었던 태권도를 소홀히 하면서 오토바이에만 몰입한다는 것이었다. 시간이 지나 오토바이는 정리했지만, 지훈이는 결국 자신의 꿈을 접고, 다른 길로 선회하게 되었다. 하지만 감사하게도 지훈이의 부모님은 여전히 지훈이를 위해 기도하며 격려해 주었다.

청소년기의 중반에 이르면 아이들은 독립을 연습하려고 여러 가지 시도를 한다. 이 시기는 부모의 지시를 받지 않고 새로운 시도를 해볼 수 있는 시기이다. 하지만 아이들은 새로운 시도를 하면서도 내적으로 외로움과 우울증을 갖는다. 청소년들이 가장 힘들어하는 것이 바로 이것이다. 부모에게 의존해 왔던 일들을 독립적으로 연습해 볼 수 있는 시기이긴 하지만, 아이들 마음속에는 여전히 두려움이 존재하기 때문이다.

돌을 지난 아기가 걸음마를 배우는 모습을 생각해보라. 조금씩 걸음을 떼는 동안 부모는 계속 지켜보면서 아이의 넘어지는 것을 붙잡아 일으킨다. 그러나 아이는 다시 일어나 스스로 걸어가려 한다. 이렇게 걸음마를 배우는 아이가 일어났다 넘어졌다를 반복하면서 그것을 계속할 수 있는 힘은 무엇일까? 그것은 바로 엄마이다. 엄마가 지켜보고 있다는 사실을 아이가 아는 것이다. 자신은 실패

하지만, 실패 후에 다시 안기게 될 엄마 품이 있다는 것을 아는 것이다. 이처럼 아이는 엄마의 존재를 확인하며 다시 세상을 향해 더 멀리 걸어갈 수 있는 힘을 얻게 된다.

청소년들에게도 많은 것들이 낯설게 다가온다. 그 과정 가운데 술과 담배를 접하기도 하면서 그들은 스스로 독립하기 위해 타인과 자신을 비교하며 이전에 몰랐던 것들을 새롭게 깨닫기 시작한다. 중요한 것은 이때 부모들이 전적인 신뢰를 보내야 한다는 사실이다.

아이들은 많은 것을 새롭게 경험한다. 그리고 새로운 것들을 연습한다. 그런 후에 자신에게 가치가 없는 것은 버리는 과정을 거친다. 이때 이러한 연습을 통해 맛보는 작은 성취감이 매우 중요하다. 독립을 실험하는 단계에서 실패했을 때 부모의 역할은, 실패하고 돌아온 아이를 격려하고 그들의 이야기를 들어주는 것이다. 지훈이의 부모가 그것을 멋지게 실천하셨다.

지훈이가 보낸 편지이다.

> 목사님!
>
> 지난 주일 인사드리려고 했는데, 차마 인사드리지 못했네요. 목사님께 많은 잘못을 한 것 같아 정말 죄송해요. 항상 잘한다 칭찬해 주셨는데 실천을 못 하는 제가 되었네요. 목사님 뵙기가 부끄러워서 차마 인사를 못 드렸어요. 다른 곳에 가셔서도 지금처럼 멋진 목사님이 되어 주세요.
>
> 이제 새해가 시작되네요. 새해 복 많이 받으시고 더욱 은혜가 넘치는 목사님이 되세요! 그리고 3년 동안 정말 감사했습니다. 중학교 시절 많은 걸 배웠습니다. 이제 막상 목사님의 재미있는 설교를 못 듣는다고 생각하니 앞이 막막하네요. 정말로, 정말로, 감사했습니다.
>
> 사랑합니다. 목사님.

지금은 자기의 길을 찾아서 가고 있는 지훈이에게 격려의 박수를 보내고 싶다. 무엇보다 참고 인내해준 부모님이 있었기에 가능한 일이었음을 다시 한 번 고백하게 된다.

사랑한다는 말을 너무 늦게 배웠어요

초등학교 때 그렇게 말이 많던 지혜가 중학교에 들어가서는 말수가 줄어들었다. 하지만 지혜가 언제나 말이 없는 것은 아니었다. 자기와 마음이 맞는 친구들을 만나면 곧잘 말을 하곤 했다. 그러나 왠지 교회만 오면 꿀 먹은 벙어리였다. 한두 해 지나면 괜찮아지겠지 했는데, 중학교 3학년을 마치고 졸업할 때까지도 너무 말이 없어, 주변에서 이 아이의 마음을 알기란 거의 불가능한 일이었다.

나중에 알게 된 속사정이지만, 지혜에게는 아버지가 두 분이었다. 낳아주신 아버지와 길러주신 아버지이다. 그 아이에겐 이러한 자신의 현실을 받아들이기가 쉽지 않았을 것이다. 다행히도 지혜는 좋은 고등학교에 진학하여 열심히 자신을 가꾸어 가고 있지만, 주변에서 그 아이를 바라볼 때의 마음은 더욱 측은했다.

사춘기에 접어들면 아이들은 그렇게 재잘거리다가도 하루 아침에 벙어리가 되기도 하고, 그렇게 말을 잘 듣던 아이도 사사건건 말대꾸로 일관하기도 한다. 이러다 보니 사춘기 아이를 둔 부모는 늘 걱정이 태산 같다.

하지만 발달심리적으로 볼 때, 사춘기를 맞이한 자녀들이 이렇게 변하는 것은, 자신에 대한 생각 즉 자아개념(self-concept)이 미분화 상태에서 분화 상태로 발달하고 있음을 보여주는 현상으로, 아주 바람직한 현상이다.

일반적으로 말해 사춘기의 가장 두드러진 특징은 자아의 발달이다. 주체로서의 자아는 영어의 'I'에 해당하는 개념으로, 자신의 행동과 적응을 통제하는 자기를 가리키는 말이다. 객체로서의 자아는 영어의 'me'에 해당하는 개념으로 자신에 대해 객관적으로 갖는 감정과 태도를 의미한다. 자아가 정상적으로 발달한 사람은 'I=Me' 상태, 즉 주아(主我)와 객체아(客體我)가 균형을 이룬 상태가 된다. 그러나 사춘기의 아이들은 이러한 상태를 유지하기가 힘들다. 오히려 'I<Me'인 경우이거나 'I>Me'인 경우가 더 많다.

'I<Me'인 상태는 자기도취, 허영심, 우월감의 상태이다. 이런 자기 분화를 겪고 있는 청소년은 항상 '타인의 눈에 비친 나'를 중시하기 때문에, 위선적이거나 비생산적이고 자기기만적일 가능성이 높다. 특히, 타인으로부터 좋지 않은 평가를 받게 되면 상처를

받고, 이에 대한 상처 때문에 신경질적인 성격으로 발전하기도 한다. 심할 경우 과대망상증으로 발전하기까지 한다(예를 들면, 남이 보고 있을 때 고의로 고성을 지르거나, 논쟁을 벌이고, 폭력을 자행하거나, 피지도 못하는 담배를 피우고 술을 마시기도 한다).

한편, 'I>Me' 인 상태는 자기의 존재가치를 부정하거나, 자기를 필요 없는 존재로 인식하는 상태이다. 이 경우 청소년들은 자학을 하거나, 열등감이 심한 모습으로 나타나게 된다. 이러한 자아의 분화를 경험하는 청소년들이 수행해야 할 과제에 직면했을 때, '자기와 같은 불행한 자', '자기와 같은 무능한 자' 라고 인식함으로써, 그 일에 대한 책임을 회피하는 경향이 있다. 소위 '질병이득' 이라는 심리기제를 사용하는 것이다. 질병은 자신에게 고통과 불쾌감을 가져오지만, 반면 책임회피라는 이득이 수반된다. 이런 유형의 청소년들은 자기연민의 감상적인 성격과 현실 도피적인 성격을 갖게 되는데, 심할 경우 '가공적 열등감' 으로 고통을 받기도 한다. 다른 사람들은 그렇게 생각하지도 않는데 스스로 사람들이 자기를 경멸하는 것이 틀림없다고 생각하거나, 친구들이 다른 일로 웃었는데도 자기에 대해 웃었다고 생각하는 식의 가공적 열등감을 가지게 되는 것이다.

사춘기 아이들은 자신감과 열등감, 감동과 절망감, 감격과 자기혐오, 긍정적 자아감과 부정적 자아감이 교차되는 시기를 보내고 있다. 이러한 교차의 진폭에 의해서 자신의 상태를 자각하고, 이를 통합하려는 욕구가 일어난다. 자아의 확대와 위축의 반복된 경험을 통해 청소년들은 성인으로 성장해 간다. 이 시기에서의 독립은 과거의 아동적인 생활을 털어버리고 청소년의 생활로 진입하려는 움직임이며, 어린이로서의 자기를 부정하고 청소년으로서의 자기를 받아들이려는 심리작용이다. 이러한 과정을 이해하면 청소년을 이해하는 것이 훨씬 수월할 것이다.

지혜에게 3년 동안 끝없이 사랑한다는 표현을 해주었다. 나중에 지혜가 나를 찾아와 먼저 포옹하면서 "목사님 제가 안아 드릴게요"라고 한 말을 잊지 못한다. 우리는 늘 예배가 끝나면 옆 사람을 안아주면서 "사랑합니다"라고 말한다. 처음에는 아이들이 어색해하더니, 지금은 무척 자연스럽게 서로를 안아주며 기뻐하는 모습을 볼 수 있다.

한 번은 여학생 한 명이 나에게 편지를 보내왔는데, 거기엔 이렇게 적혀 있었다.

"목사님! 사랑한다는 말을 너무 늦게 배웠어요."

지금도 만나는 모든 아이들에게 끊임없이 사랑한다고 말한다. 그리고 나의 홈페이지 제목에도 이렇게 적어 놓았다.

"사랑한다는 말을 너무 늦게 배웠어요."

청소년들을 대할 때 꼭 알아야 할 것

"충분한 사랑을 받은 아이는 자유롭게 부모를 떠날 수 있다"는 말이 있다. 반대로 부모의 사랑과 인정을 제대로 받지 못한 아이들은 부모를 떠나야 할 시기가 와도 정서적으로 부모를 떠나기 힘들어 한다는 사실이다. 이러한 문제는 「인간장소의 심리학」이라는 책에서 폴 투르니에 박사가 강조한 대로, "인간은 이전 단계를 건강하게 지나와야 다음 단계를 건강하게 살아낼 수 있다"는 설명과도 일치한다. 청소년을 지도하다 보면 많은 경우 자신을 스스로 받아들이지 못하는 모습을 발견하게 된다. 외모나 성격, 환경 등. 이러한 자신을 받아들이지 못한다는 것은 커다란 문제가 될 수 있다.

아이들이 사춘기를 지나면서 나타나는 여러 가지 문제에 대해 다양한 측면에서 그 원인을 생각해 볼 수 있지만, 가장 근본적으로 그 내면에서 원인을 찾을 수 있다. 내면이 건강한 아이들은 환경이 바뀌어도 그리 흔들리지 않는다. 그리고 이런 내면의 건강함은 가장 먼저 부모와의 관계에서 비롯된다. 아이들과 가장 가까이에 있는 가정과 교회에서 친밀감 형성을 해주어야 한다. 어릴 적 부모와의 관계에서 친밀감 형성이 잘 이루어진 아이들은, 부모를 떠나 성인이 되어서도 그 역할을 잘 수행한다. 그러나 반대의 경우 성인으로 자라가는 그 자체에 대해 두려움을 가지게 된다.

교회는 끊임없이 아이들에게 사랑을 확인시킬 필요가 있다. 아이들은 단순하다. 그들은 끊임없이 사랑을 확인받고 싶어한다. 우리가 할 일은 단지 아이들을 충분히 사랑해주는 것이다. 그리고 오해하지 말아야 할 것은 아이들은 당신을 좋아한다는 사실이다. 단지 그 표현방법이 서투른 것뿐이다. 먼저 주어라. 아직은 주는 것이 그들에게 익숙하지 않다. 그들은 아직도 더 받아야 한다.

우리나라가 양궁 같은 세밀한 운동을 잘하는 이유가 있다고 한다. 서양의 어머니들은 주로 자녀들이 독립심과 자주적 심성을 가지는 데 집중하여 교육한다. 하지만 동양의 어머니들은 자녀와 신체적 일체감을 유지하는 것을 더욱 중요시하여 젖먹이 아이를 엄마 품에서 떨어져 재우지 않는다. 자녀가 서너 살이 될 때까지 부모와 한 방에서 자게 하거나, 엄마 품에서 잠들게 한다. 우리 부모들은 아이들에게 말이나 반응을 많이 해주는 것보다, 신체적인 일체감을 많이 느끼게 하는 것이다. 물론 동서양 육아법의 우월성을 판단할 수는 없지만, 이러한 육아법이 서양 사람보다 동양 사람이 집중력과 안정감을 더 가질 수 있도록 인성의 바탕을 제공한다는 생각은 일리가 있다. 어릴 적 엄마와의 신체적 접촉에서 얻은 안정감은 아이가 자라면서 계속적으로 안정감과 자신감을 갖고 자랄 수 있는 토대가 되며, 남과 나를 구분하지 않는 집단주의적 심성을 갖게 한다. 양궁이나 사격, 골프, 마라톤과 같은 안정감과 집중력을 요구하는 분야에서 동양 사람들이 뛰어난 이유를 여기에서 찾는 것이다.

우리 아이들은 행복하게 자라가야 한다. 우리는 그들에게 그러한 환경을 만들어줄 의무가 있다.

윤항기, 윤복희 두 분이 부른 '여러분'이란 노래가 생각난다.

네가 만약 외로울 때면 내가 위로해줄게.
네가 만약 서러울 때면 내가 눈물이 되리.
어두운 밤 험한 길을 걸을 때 내가 너의 등불이 되리.
허전하고 쓸쓸할 때 내가 너의 벗되리라.

이 노래 가사처럼 우리는 힘들고 지친 이 땅의 아이들에게 벗이 되어야 한다. 예수님이 우리에게 그런 분이었던 것처럼 말이다. 우리가 아이들을 향해 예수님이 우리에게 하셨듯이, 진정 그들을 사랑하는 마음으로 늘 함께 울고, 웃으며 살아갈 때, 그들은 그 관계를 통해 더욱 건강하게 성장할 것이라고 생각한다.

다음은 중학교 3학년 여자아이가 내게 보낸 편지이다.

> 목사님 치사하세요! 1년만 더 참으시지!
>
> 저 무지 무지 슬픈 거 아세요?
>
> 저 지금도 울면서 쓰고 있는 거 아세요?
>
> 저만 슬픈 거 아니란 것 알아요.
>
> 저만 괴로운 거 아니란 것 알아요.
>
> 겉으로는 내색하지 않았지만, 목사님 떠나시는 거 너무 슬퍼요.
>
> 제게 처음으로, 그리고 진심으로, 기쁨의 눈물을 알려주신 분이잖아요.
>
> 목사님 때문에 웃을 수 있는 방법도 알게 되었고,
>
> 목사님 때문에 다른 사람을 용서할 수도 있었어요.
>
> 이제 정말 웃을 수 있게 됐는데….
>
> 목사님! 다른 곳으로 가셔서도, 우리 추억하시면서 더 좋은 일 하실 거죠?
>
> 목사님 안 잊을 거예요.
>
> 목사님도 꼭 꼭 꼭 저희 잊지 마세요!
>
> 고맙고 사랑해요!

3부

이야기로 풀어가는
청소년 코칭

조직이 살아야 교회가 산다

어느 교회를 막론하고, 교회의 양적, 질적 성장에 관심을 가지지 않는 교회는 없다. 중요한 것은 어떻게 그런 결과를 얻을 수 있는가 하는 점이다. 문제는 조직이다. 사역 초기에는 이 사실을 몰라 시행착오도 많았고, 불필요한 에너지도 많이 쏟았다.

물론 조직이 없어도 상관없다고 말하는 분들이 있을 수 있다. 그러나 초대교회 당시를 돌아보면 결코 조직이 없었던 것이 아니다.

"그 때에 제자가 더 많아졌는데 헬라파 유대인들이 자기의 과부들이 매일의 구제에 빠지므로 히브리파 사람을 원망하니 열두 사도가 모든 제자를 불러 이르되 우리가 하나님의 말씀을 제쳐 놓고 접대를 일삼는 것이 마땅하지 아니하니 형제들아 너희 가운데서 성령과 지혜가 충만하여 칭찬 받는 사람 일곱을 택하라 우리가 이 일을 그들에게 맡기고 우리는 오로지 기도하는 일과 말씀 사역에 힘쓰리라 하니"(행 6:1-4).

초대교회에서도 일을 나누어서 효율적으로 작업을 했던 것을 볼 수 있다. 그러나 문제는 어떻게 조직을 만들 것인가 하는 것이다.

조직에는 두 가지가 있다. 생명력이 있는 조직과 그렇지 못한 조직이다. 생명이 있으면 그 공동체는 성장하게 되어 있다. 생명은 시간이 갈수록 키가 크고, 아름다워지며, 열매를 맺는다. 단지 영양분만 공급하면 자생적으로 성장하게 되어 있다. 그렇다면 생명력이 있는 조직이란 어떤 조직인가? 한마디로 말해 행복한 사람이 있는 조직이다. 사람이 행복해지면, 사람이 신나게 일할 수만 있다면 그 조직은 생명이 있다고 말할 수 있다. 여기서 사람은 학생과 교사이다. 이 사람들이 속해 있는 부서에서 행복한 목회를 할 수 있는 것은 스스로 자생력을 가질 때이다. 이것이 핵심 중에 핵심이다.

인간의 심리 속에는 기본적으로 자기중심성이라는 것이 있다. 누구나 자신이 주인공이 되고 싶어 하며, 자신이 주인공이 되었을 때 혼신의 힘을 다해 열심을 낸다. 인간이 얼마나 자기중심성이 강한지를 극명하게 보여주는 역사적인 사실이 공산주의와 자본주의이다. 공산주의는 내가 열심히 일을 해서 남을 주인공 만들어 주는 구조라고 한다면, 자본주의는 내가 열심히 한 만큼 나 자신이 주인공이 되는 구조이다. 결국 공산주의는 70여 년 만에 러시아의 몰락과 함께 전 세계에서 설 자리를 잃었고, 자본주의는 말은 많지만 여전히 강력하게 인간의 심리를 대변하면서 그 체제를 유지하고 있다. 이렇듯 사람이 신나게 일할 수 있는 구조는 각 사람이 주인공이 되는 구조이다. 물론 교회의 주인은 하나님이시다. 하지만 사람을 통해서 일하시는 하나님이 가장 원하시는 것은, 우리가 신나게 주님의 일을 감당하는 것이 아니겠는가? 이런 의미에서 나는 교회가 아이들과 교사를 주인공으로 만들어주어야 한다고 생각한다.

흔히 교회에서 부서 일을 감당할 때, 일을 하는 담당자가 책임만 추궁당하고 권리는 없는 경우가 많다. 이것이 사람을 힘 빠지게 한다. 일은 열심히 하고 싶은데, 조직적인 한계 때문에 더 이상 전진할 수 없을 경우, 사람들은 금방 그 열정이 식어버리거나 수동적으로 변한다. 하지만 이런 경우를 생각해보라. 교사들이 교사 회의를 자발적으로 참여하고, 그 시간을 신나게 즐긴다면 얼마나 좋겠는가? 집에 가라는 소리를 들어도 집에 갈 생각은 않고 교회 사역을 위해 기도하고 준비하는 것을 기쁨으로 여긴다면 얼마나 감사하겠는가? 더욱이 목사보다 더 신이 나 앞장서 일을 한다면 이것은 어떤 이유로 가능한 일이겠는가? 그것은 바로 동기부여다. 강력한 동기부여는 사람들에게 책임과 함께 권한도 부여하는 것이다.

중세시대에 사제제도는 인간이 하나님께 직접 가는 길을 막아버렸다. 그것은 동시에 사제직의 권한을 강력하게 키우는 결과를 낳았다. 이러한 영향력은 개신교의 목회직에도 동일하게 그 힘을 미쳤다. 개신교 또한 한 사람의 리더십이 공동체 전체를 이끌어 가는 구조이다. 하지만 이런 교회 구조의 대안으로 요즘 화두가 되고 있는 셀(Cell)을 제안한다. 이것의 기본정신이 초대교회로 향한 건강한 돌이킴이기에, 교회의 건강함을 추구하려면 반드시 셀을 고민해야 할 것이다. 셀을 말할 때 가장 중요한 것은 평신도의 리더십이다. 우리나라에 평신도의 역할이 대두된 것은 1980년대 옥한흠 목사님의 제자훈련에서부터이다. 하지만 좀더 강력한 평신도의 역할론이 대두된 것은 최근의 셀 교회에서부터이다. 빌 벡헴 목사님의 저서인 「제2의 종교개혁」이라는 책에서 말하려는 요지 중 하나도 결국 평신도로의 리더십의 이양이 종교개혁과 같은 엄청난 변화를 의미한다고 말하고 있다.

문제는 교역자이다. 우리가 교사들에게 얼마만큼의 권리를 양도할 수 있는가가 문제이다. 말씀과 기도가 목회자의 권리이자 의무라 한다면, 나머지를 모두 평신도에게 넘기는 것이 가장 초대교회적인 모습이 아닐까 한다.

"우리가 이 일을 그들에게 맡기고 우리는 오로지 기도하는 일과 말씀 사역에 힘쓰리라 하니"(행 6:3-4)

이것이 가능하게 되면 목회는 편하고 쉬워진다. 그리고 교사들 역시 신나고 즐겁게 교사로서의 역할을 감당할 수 있게 된다.

생명력이 승부다

　　　　　　　　조직을 세우는 일이 그림판에 글씨나 그림 몇 개 가져다 붙이는 행정적인 것으로 끝날 수도 있다. 하지만 이것은 게으름의 극치. 누구나 만들 수 있는 단순한 조직도표 하나로 교회가 바뀔 것이라고는 아무도 믿지 않을 것이다. 교사라면 누구나 아이들이 어떻게 하면 교회에서 신나게 신앙생활할 수 있을까를 하는 고민해 보았을 것이다. 그 고민의 답은 바로 생명력에 있다.

　교회는 살아서 꿈틀거리는 유기체다. 경직된 것이 아니라, 스스로 결정하고 스스로 판단할 수 있는 생명체이다. 하지만, 아이들이나 교사들이 무언가를 스스로 결정할 수 있는가를 물어본다면 그렇지 않은 경우가 많다. 그것은 대개의 경우 교회가 한 사람의 결정에 의해 움직이는 상부구조를 가지고 있기 때문이다. 이러한 조직은 한 사람의 탁월한 리더십이 있을 때는 아주 강력한 힘을 발휘하지만 부정적으로 작용할 때는 아주 소극적이고 수동적인 조직으로 변한다. 이것이 문제이다. 결국 조직은 한 사람의 탁월한 리더십이 다시 나타날 때까지 그 성장을 멈추어야 한다. 하지만 유기체인 교회가 멈춘 상태에 가만히 있을 것인가? 그렇지 않다. 교회는 여전히 성장하기 위해 몸부림치고 있고, 그로 인해 교회 안에는 여러 가지 잡음이 들려올 수밖에 없다.

따라서 교회는 하부구조가 튼튼해야 한다. 다시 말해 평신도가 리더로 쓰임 받는 구조가 되어야 한다. 한 사람과 백 사람이 싸운다면 누가 영적전쟁에서 이길 확률이 많은가?

교사가 행복해야 교회가 행복해진다. 교사는 그 부서의 들러리로 있는 것이 아니라, 중심에 서 있어야 한다. 그들이 무언가를 결정하면 교회에 문제가 생길 것이라고 생각하는 것은 잘못된 착각이다. 오히려 건강한 교회로 거듭날 수 있다. 목회자와 동일한 마인드를 가진 사람들이 그 핵심적인 역할을 한다면 문제는 거의 생기지 않는다. 목사가 한 명이 아니라 수십 명이 되는 것이다. 이렇게 된다면 교회가 좀더 든든한 사역을 감당할 수 있지 않겠는가?

안산동산교회 중등부는 교사들이 스스로 결정하고 책임지는 구조이다. 그들이 바로 마을장(長)과 촌장이다. 마을장은 목사와 같은 항존직으로서, 목회자 수준의 사고력과 판단력을 유지할 수 있도록 계속적으로 훈련한다. 그들은 목회자와 동일한 훈련을 받고, 동일한 세미나에 참석하며, 동일한 책을 읽고 함께 토론하면서, 몇 년을 가족같이 지내온 분들이다. 우선 이분들과 같이 있으면 마음이 든든하고 편하다. 이들은 어떠한 경우에도 나와 동일한 사고와 판단을 할 수 있는 분들이다. 그래서 내가 혹 자리를 비워도 이분들만 있으면 어떤 일도 올바르게 판단하고 결정할 수 있을 거라는 믿음이 있다.

촌장 역시 계속적인 훈련과 만남으로 그 정신이 동일하게 흘러가고 있다. 책임은 권한이 있을 때 더 강력해지기에, 교회에서는 이들에게 인사권과 재정권을 부여했다. 마을장의 인사권과 재정권이 중형교회 규모를 담당하는 목회자의 권한이라면 촌장은 작은 개척교회 목회자와 같은 권한을 가지고 있다.

권한은 책임감을 극대화한다. 그래서 사람들에게 권한을 부여하면 이전과는 다르게 반응하는 모습을 볼 수 있다. 예를 들면 전에는 자기반 아이들 이름도 다 못 외우던 분들이, 지금은 자기 반뿐 아니라, 자신이 속한 마을이나 촌에 소속된 아이들의 이름까지 다 외우는 놀라움을 보이기도 한다. 심지어 60명이나 되는 아이들의 이름을 외우는 교사들도 나오게 된다. 게다가 어떤 분은 자기 촌을 위해 월급의 상당부분을 쓰고도 너무 즐거워하는 모습을 보여 주신다.

부모란, 수천 명의 사람이 있는 곳에서도 자기 자식을 금방 찾아낼 수 있는 사람이다. 자기 자식이 어디에 숨어 있어도 금방 찾아내는 것이 부모의 마음인 것이다. 남의 자녀에 대해서는 금방 애정이 식을 수 있어도, 자기 자녀는 어떠한 경우라도 포기할 수 없는 것이 부모의 심정이리라. 그렇다면 교사들도 영적인 부모로서 마찬가지일 것이다. 교사들에게 아이들을 자식처럼 생각할 수 있도록 권한을 부여하게 되면, 그들은 이전과 달리 적극적으로 사역에 임하는 것을 볼 수 있다. 전에는 남의 일처럼 대하던 분들도 권한과 책임이 동시에 주어지면, 내 일처럼 달려드는 경우가 비일비재하다.

그렇다. 교회 일을 자기 일처럼 매진하는 교사들이 교회에 가득하다면, 얼마나 신나는 사역현장이 되겠는가? 이제 더는 미루지 말고 그들에게 조직의 책임과 권한이란 두 가지 선물을 주자.

어떻게 적용할 것인가?

교사들에게 책임과 권한을 위임하는 부분에 있어서 두려움이 있다면, 먼저 작은 것에서부터 시작하라. 나는 100명, 600명, 그리고 만 명이 넘는 규모의 교회에서 사역을 해오고 있다. 그러나 보통 50명만 넘어도 조직을 세워야 한다. 하지만 그 정도 인원에 무슨 조직이 필요하냐고 반문할지도 모르나, 나는 그릇이 있어야 잘 담을 수 있다는 사실을 경험을 통해서 알게 되었다. 아무리 작은 규모라 하더라도, 다음 단계로 넘어가기 위한 준비를 해 놓으면 그 준비한 만큼의 결과를 얻게 된다.

작은 규모라면 우선, 그 규모에 맞게 한두 명이라도 리더를 세우고 그에게 권한을 위임하라. 그리고 그들과 목회를 함께하기 위한 사전 작업을 하라. 그것은 다름아닌 그들과 삶을 나누는 것이다. 일이 아닌 삶을 나누는 것은, 가족이라는 기본 전제에서 출발한다. 조직의 일원이 아니라, 가족 말이다. 이것은 교회 하나 됨의 핵심 중의 핵심이다. 하나님의 가족이라는 단순한 명제를 주장하는 것이 아닌, 삶을 나누고 기쁨과 슬픔을 함께하는 가족을 얻는다면, 그것은 수천 명의 지나가는 행인과는 비교할 수 없는 강력한 동지를 얻는 것이다. 이 세상에 가족이라는 말처럼 따뜻하고 힘이 되는 단어가 또 있을까? 부장님이 아니라 형님이 되면 어떨까? 부감님이 여자라면 누님이라 부르면 어떨까? 가족은 실수를 해도 여전히 내 편이 되어 주는 것이다.

학생들도 마찬가지다. 우리가 만나는 아이들은 단 한 명도 학생일 수 없다. 우리의 자녀이다. 자녀를 위해서라면 무엇이든 할 수 있을 뿐만 아니라 자녀는 결단코 포기할 수 있는 대상이 아니다. 해산의 고통으로 그들을 안고 갈 것이다. 우리가 만약 이것을 실천한다면, 작은 규모의 교회뿐 아니라 모든 교회가 금방 기하급수적으로 늘어나는 것을 경험하게 될 것이다.

중형교회 규모의 교회에서 200명 정도 인원이 되었을 때 부딪히는 한계가 있다. 그것은 그 규모 이상을 담을 수 있는 조직이 필요함을 말한다. 대부분 이런 규모의 청소년부 교역자를 만나면, 한결같이 될 듯하면서도 안 된다는 고민의 말들을 털어 놓는다. 여기서 필요한 지적이 바로 조직을 세밀하게 운영해야 할 시기가 왔다는 점이다. 이제는 조직의 힘을 발휘해야 할 때이다. 30명에서 50명 정도의 그룹을 만들어 리더를 세워야 한다. 그래서 그 리더들에게 개척교회를 맡아 이끌 정도의 모든 권한과 책임을 위임하라. 그리고 리더들과 함께 삶을 나누며, 그들을 가족과 같은 친밀감과 긴밀함으로 목회자 수준의 리더로서 인정하고 성장시켜야 한다. 그래야만 조직이 생명력을 얻고, 리더들이 자체적인 리더십을 가지고 힘을 발휘하게 될 것이다.

쉬운 결정은 아니다. 서로 간의 신뢰와 협조가 없이는 결코 이루어지지 않는다. 그래서 더욱 가족이 되어야 한다. 하나님이 우리의 아버지시라면, 우리는 분명 가족이다. 그리고 그것을 만들어가는 것은 우리 모두의 책임일 것이다. 확신하건대, 우리가 가족이 되는 순간, 교회는 강력한 초대교회의 부흥을 맛보게 될 것이다.

3년인가? 1년인가?

3년 담임제인가, 1년 담임제인가를 두고 참 많이 고민을 했다. 교회마다 상황이 다르겠지만, 나는 3년 담임제를 고집한다. 왜냐하면 부모란 존재는 바뀌는 것이 아니기 때문이다. 나는 부모의 사랑을 받지 못하고 자라 늘 부모의 사랑에 대한 갈급함이 있다. 어릴 적 부모와의 단절감이 얼마나 아이들에게 깊은 상처와 피해를 끼치는지 나의 경험을 통해서 누구보다 잘 알기 때문이다. 교회도 마찬가지다. 하나님이 우리의 아버지이시기에 우리는 한 가족이며 교회는 가정이다. 그럼에도 불구하고 교회는 가정이 아닌 학교처럼 운영되곤 한다. 나는, 교회의 할 일이 학교가 아닌 가정 같은 교회를 만드는 것이라고 생각한다.

교사와 학생이 처음 만났을 때 갖게 되는 서먹함은 몇 개월이 지나면 허물어지고 서로가 친숙한 관계로 바뀐다. 물론 경우에 따라 아이들과 친해지는 시간이 오래 걸릴 수도 있고, 교사 쪽에서 힘들어 먼저 손을 드는 경우도 있다. 청소년들 중에는 자기 개방을 잘하는 아이가 있는 반면, 자신을 잘 열어 보이지 않는 아이들도 있기 때문이다. 이런 소극적인 아이들을 만나면 교사는 진땀을 빼기 마련이다. 그러나 어느 정도의 시간이 지나고 나면 그 시간의 양만큼 서로 알아가게 된다. 하지만 일 년 동안 어느 정도 서로 익숙해질 만하면 또 다른 반을 맡아서 이동하는 것 때문에 그동안 공들여왔던 시간이 아쉽게 느껴질 때가 한두 번이 아니다.

반을 일 년에 한 번씩 조정해야 한다는 사람들의 의견 가운데는 '기간이 길어져서 아이들이 나를 싫어하면 어떻게 하나?'라는 조급증에서 비롯되는 경우도 많다. 하지만 청소년들을 좀더 잘 이해하고 접근하면, 전혀 그렇지 않다는 사실을 알게 된다.

흔히 교사들이 아이들의 섣부른 행동이나 거친 말투 때문에 쉽게 상처를 받고 뒤로 물러서는 경우가 있는데, 사실상 청소년기의 아이들은 여러 가지 형태의 말과 행동을 통해 자신들에 대한 관심을 확인받고 싶어한다. 예를 들어 어떤 아이는 아주 공손하고 상냥하며 어른들의 마음에 꼭 맞는 행동을 하기도 하고, 또 어떤 아이는 어른들이 보기에 거스르고 예의가 없으며 거친 행동을 한다. 하지만 두 아이 모두 우리에게 동일한 질문을 하고 있다고 보면 된다. "선생님 저를 사랑하세요?" 이해가 안 되겠지만, 사실이다.

모든 사람은 너나 할 것 없이 자신이 사랑받기를 원한다. 단지 어떻게 해야 사랑받는지를 아직 배우지 못했을 뿐이다. 그래서 일 년만 아이들을 담임하고 반을 바꾸게 되면 이러한 사랑을 확인하기에도 시간이 너무 부족하다는 것이다.

나는 아이들을 가르치는 우리 모두가 교사가 아니라 부모라고 생각한다. 만일 이것에 동의하지 않는다면 자신이 교사인 것에 대해 다시 한 번 깊이 생각해봐야 한다. 우리는 부모이다. 부모는 결단코 바뀌는 것이 아니다. 그래서 아이들이 졸업할 때까지 함께 그들의 삶 속에서 울고 웃으며, 마음을 함께해야 하는 것이다.

한 번은, 연초에 10명이 넘었던 남학생 반이 여름이 지나자 1명만 남게 되는 사태가 발생했다. 일반적인 경우처럼 1년 담임제였다면, 그 교사는 몇 개월만 더 버티면 다음 해에 새로운 반을 맡게 되니 좀 힘들어도 계속 해나갈 수 있었을 것이다. 하지만 우리는 3년 담임제인지라 한 명뿐인 아이를 데리고 나머지 2년 반 동안을 꾸려간다는 것은 앞이 막막한 일이 아닐 수 없다. 교사가 처음에는 사임을 고려하더니, 나중에는 오기가 발동해 이왕 이렇게 된 거 끝까지 한 번 해보겠다며 사역에 집중하기 시작했다. 아이들과 매주 축구도 하고, 같이 밥도 먹으면서 부대끼더니, 몇 개월이 지난 뒤에는 아이들이 20명으로 늘어나 있는 것이 아닌가?

이렇듯 3년 담임제는 교사에게도 장기적 사역전략을 가지고 임

할 수 있어 좋고, 아이들 역시 교사와 밀접한 관계를 가질 수 있는 장점이 있다. 한 번은 중등부를 졸업하고 고등부로 올라간 아이가 스승의 날이라고 선물을 잔뜩 준비해서 중등부에 내려온 적이 있었다. 아이는 자신을 3년 동안 진심으로 아끼고 사랑해준 선생님을 찾아와 감사의 뜻을 전하고 싶었던 것이다. 그 광경을 지켜보면서 얼마나 감격스러웠는지 경험해보지 않은 사람은 진정 모를 것이다.

영적 발전소

교회를 돌아가게 하는 힘은 무엇인가? 물론 성령님이다. 하지만 좀더 구체적으로 질문해 보자. 아이들이 교회에 나오고 싶도록 만드는 힘은 무엇인가? 교회만 오면 집에 가기 싫도록 만드는 힘은 무엇인가? 우리는 이것을 고민해야 한다. 다음은 중3 아이들이 나에게 쓴 편지들 중 일부이다.

> 목사님 안녕하세요? 제 이름을 아실지 모르겠지만 저는 보조개가 예쁘게 들어간 아이랍니다. 이제는 교회에 오는 게 너무너무 좋아요. 매주 나와서 목사님이 전해주시는 말씀을 듣는 게 얼마나 소중한지 몰라요.

> 오늘 제가 교회에 와서 있다는 것… 목사님의 설교를 들을 수 있다는 것… 눈을 감고 기도할 수 있다는 것… 모두가 꿈만 같고 너무 행복해요… 오늘도 좋은 말씀 감사합니다.

아이들이 교회를 즐거워한다면, 이보다 더 좋을 순 없다. 그러나 교회에서 매주 예배를 드리는 것만으로 그치지 않고, 분명 살아서 움직이는 그 무엇인가가 있어야 한다. 다시 말해 영적 발전소 같은 역할을 해주어야 한다. 사실 교사들 중에는 일주일 내내 세상에 쫓겨 다니다가, 예배시간에 허겁지겁 참석하는 분들도 있다. 그들의 영혼 또한 아이들과 마찬가지로 소중하기에 동일하게 은혜를 받아야 한다. 그런데 다행히도 우리 교사들 중에는 "목사님 말씀에 아이들보다 제가 더 은혜를 받아요"라고 말하는 분들이 많다. 중요한 것은 교사들과 아이들 모두에게 교회가 영적 발전소 역할을 해야 한다는 사실이다. 그 첫 번째가 바로 말씀이다.

기도는 어떤가? 나는 교사들에게 기도 소리가 작으면 다시 크게 하라고 요청한다. 한 번 기도를 하면 죽을 각오로 해야 한다. 기도하다 혼절하는 일이 있어도 최선을 다해야 한다. 그렇게 기도할 수 있다면 분명 역사가 일어난다.

14년 동안 단 한 주도 빠지지 않고 지켜온 중보기도의 사역 가운데, 월요일마다 200명 정도의 권사님들과 함께 기도하는 모임이 있다. 어느 날 중보기도대의 대장을 맡으신 권사님이 나에게 이렇게 말씀하시는 게 아닌가? "목사님 그렇게 기도 인도하다가는 죽어요." 기도회 인도를 하기만 하면 죽어라고 하니 권사님이 하신 말씀이었다.

두 번째 영적 발전소는 무엇인가?

우리가 두 번째로 교회를 활성화한 도구는 단기선교였다. 아이들이 이것 때문에 교회에 나오고 싶어 미칠 지경이었다면 믿겠는가? 뿐만 아니라 이것 때문에 아이들의 신앙이 현저하게 자라고, 아이들의 인격이 변화했다면, 분명 가치 있는 일이지 않겠는가?

우리는 단기선교 프로그램으로 교회 전체가 엄청난 힘과 에너지를 받았다. 학부모들에게도 좋은 소문이 나서, 지난해는 인터넷에서 선착순으로 100명을 모집했는데, 47초 만에 등록이 마감되는 놀라운 일이 있었다. 부모들 중 더러는 서울대에 들어가는 것보다 더 어렵다며 우스갯소리도 하신다.

우리는 매년 200명 정도의 아이들이 태국, 몽골, 인도네시아, 싱가포르, 캐나다, 베트남, 남아프리카공화국 등의 지역으로 단기선

교를 떠난다. 외부 선교단체에서도 인정한 우리 자체 4개월간의 훈련 프로그램을 마치고, 준비된 아이들을 각 나라로 보내는 것이다. 처음에는 아이들이 훈련을 잘 받지 않으려 하거나 기피하려 하지만, 이 훈련 코스에 들어오면 아이들 대부분이 강력한 신앙체험을 하게 된다. 3년 동안 받을 신앙훈련을 4개월의 기간에 거의 집중해서 받을 수 있는 훈련이다.

다음은 단기선교에 다녀온 중학교 3학년 여자아이의 글이다.

> 그렇게 목이 쉴 정도로 기도한 적은 한 번도 없었다. 그제야 깨달았다. 내가 신앙에 대해 교만했었다는 사실을… 이제라도 깨달았으니 그나마 다행이라 생각했다. 이번에 단기선교에 참석하지 않았으면 어찌할 뻔했는가! 이렇게 참석하게 해주신 부모님과 하나님께 감사드린다. 단기선교 와서 제일 많이 부른 이름은 아버지였다. 지금까지 살면서, 기도할 때 하나님을 아버지라고 부른 것은 처음이었다. 난 기도할 때면 항상 "하나님! 하나님!" 하고 부르면서 하나님과 거리를 두고 있었다. 하지만 이번에 입과 귀에 달고 살던 그 목적들을 생각하면서 기도하니, 어느새 하나님이 '하나님 아버지'로, 그러다 결국엔 '아버지'로 바뀌어 내 입에서 고백되고 있었다. 그러면서 기도가 터지게 되어, 하나님이 날 얼마나 사랑하시는지 아주 조금 알게 되었다. "아버지! 아버지!" 하고 소리를 지를 때마다 내 속에서 무언가가 솟아올라, 더욱 감격

의 눈물을 흘리면서 기도하였다. 너무나 감사하고 기쁜 마음이 들었다.

그렇게 소리를 지르면서 기도한 후 나는 회개의 기도를 드렸다. 우리와는 전혀 다른 세상에서 살고 있는 사람들 생각이 났다. 그 사람들은 우상을 믿으면서 한 번이라도 회개를 했을까 하고 생각하니 불쌍한 생각이 들었다. 왜 그들은 하나님을 보지 못하고, 우상에 빠져서 살까? 너무 마음이 아파서 더욱 큰소리로 하나님께 도와 달라고 울부짖으면서 기도했다. 그때에 내 몸 속에서 무언가 빠져나가는 것이 느껴졌다. 적어도 그 순간만큼은, 나의 죄와 추악한 영들이 빠져나가는 것과 내가 하나님의 자녀이고 일꾼인 사실이 철저하게 느껴졌다. 내가 앞으로 어떤 모습으로 살아가든지 하나님의 복음의 일꾼으로 살아가겠다고 다시 한 번 굳게 다짐을 하게 되었다. (중3 박예원)

여러 나라 중 태국에 단기선교를 가면 3,000미터 고산에 위치한 카렌족을 찾아 간다. 7일에 걸친 산행을 통해 극기훈련을 하면서 자신을 이기고 통제하는 능력을 배운다. 그리고 매일 하루에 두 번 새벽기도회와 저녁기도회를 통해 예수 그리스도를 체험하게 한다.

한 번은 모든 집회가 끝난 후 기도회를 하고 잠자리에 들었는데 새벽에 한 여자아이가 갑자기 신음을 하는 것이 아닌가? 선교사님과 함께 놀라서 일어나보니 아이가 급성맹장이었다. 모두들 놀라 그 자리에서 일어나 그 아이를 위해 기도하기 시작했다. 그럴 수밖에 없었던 것이, 우리가 있는 곳은 걸어서 8시간을 내려가 차를 타고 4시간을 달려야 겨우 병원을 찾을 수 있는 오지였기 때문이다. 갑작스런 친구의 아픔에 아이들 역시 울며 기도하기 시작했다. 시간이 얼마나 지났을까? 우리는 오랜 시간 동안 친구를 위해 간절히 눈물로 하나님께 매달리며 기도했다. 눈물의 기도 골짜기를 지나서 눈을 떴을 때는, 태국 고산 위에 나무로 세워진 작은 교회의 닫힌 문 사이로 햇살이 살짝 비집고 들어오고 있었다. 그리고 밤이 새도록 기도한 그 자리에 죽을 것처럼 아팠던 아이가 기적적으로 완치되었다. 밤새 기적을 체험한 아이들은 모두 "우와" 하면서 살아계신 하나님을 찬양했다.

이런 기적적인 일은 단기선교 기간 중에 종종 일어났다. 이러한 간증들은 교회 전체 분위기를 바꿔놓을 뿐만 아니라 아이들을 단순한 신앙생활에서 벗어나 강력한 은혜의 자리로 이끄는 영적 충전소 역할을 했다.

단기선교를 다녀온 후에는 아이들의 간증을 책자로 만들어 학부모들에게 배포하고 주변교회에도 나누었다. 주변교회의 학부모들이 동참하고 싶다고 문의를 해온 경우도 많았다. 이 단기선교 프로그램은 우리 아이들에게 한 단계 더 강력한 은혜의 발전소를 갖게 해준 계기가 되었다. 지금도 단기선교를 다녀온 아이들의 신앙생활을 보면, 무언가 다른 특별한 것이 있음을 볼 수 있다.

교회가 말씀과 기도를 확장할 수 있는 길을 찾아라! 여러 가지 영적 발전소를 확보하라! 그것이 교회를 더욱 강력하게 움직일 수 있는 길이다. 교회를 움직이는 것은 사람이 아니다. 성령님이시다. 하지만 성령님은 사람을 통해 일하신다. 교회를 구성하는 성령의 사람들이 힘을 낼 수 있게 하는 가장 강력한 힘은 어디서 나올 수 있을지, 교회는 그것을 고민해야 한다.

학부모 기도회를 운영하라

청소년 사역에서 학부모를 배재하지 마라. 학부모는 강력한 지원군이다. 물론 학부모가 부서 사역에 걸림돌이 될 수도 있다. 학부모가 하는 말 한마디에 괜한 오해가 생기거나 어려움을 겪을 수도 있다. 하지만 학부모와의 관계를 조화롭게 유지해간다면 커다란 유익을 얻을 수 있다. 특히, 중요한 프로그램을 할 경우 학부모들에게 사전에 프로그램에 대해 알리고 허락을 구할 뿐 아니라, 행사에 적극적으로 동참시킬 수 있다면 그만큼 든든한 버팀목도 없다. 교사 중에 학부모가 많을 수도 있다. 그분들 역시 자녀를 둔 학부모로서, 우리의 강력한 지원군이다. 그분들을 통해 무형의 자산이 모여지는 것이다.

청소년 사역은 결코 아이들로만 이루어지지 않는다는 사실을 알아야 한다. 특히 교사는 학부모와의 관계를 통해, 자녀를 믿고 맡길 수 있도록 교회에 대한 신뢰를 줄 수 있다. 이러한 원활한 소통이 이루어질 때 교회가 하는 프로그램에 든든한 지원군을 확보하게 되는 것이다.

특히 단기선교를 진행하는 데 있어서 학부모들의 역할은 지대하다. 사역 초기에 학부모들의 지원이 없었다면, 그렇게 큰 프로그램을 운영할 때 애로사항이 많았을 것이다. 지금도 학부모들이 구역모임에서 모이면, 자녀에 대한 이야기, 특히 단기선교에서 변한 자녀들의 모습을 이야기하느라 시간 가는 줄을 모른다. 그러면 그것은 자연스레 단기선교 홍보로 이어지게 되어, 다른 부모들도 자녀를 단기선교에 보내고 싶은 강력한 동기부여를 받게 되는 것이다.

아이들을 교회에 보내는 학부모 중에는 교회를 다니지 않는 분들도 있다. 이분들은 교회에 대해 부정적이거나, 아이의 신앙생활에 방해가 될 수도 있다. 그래서 이런 부모들에게는 단기선교를 이용해, 아이들이 해외로 나가 있는 2주는 학부모도 반드시 교회에 나와 기도회를 참석해야 한다고 요구한다. 처음에는 불편해 하시는 분들도 있다. 하지만 다음에 또 아이들을 단기선교에 보내고 싶다면 이번 학부모 기도회에 반드시 출석해야 한다고 말씀드리면서, 아이들을 그런 힘든 곳에 보내놓고 집에서 편히 쉴 수 있냐며 읍소하면, 대부분의 부모들이-신앙이 없거나 약해도-기도회에 나와 자녀를 위해 기도한다.

이 기회를 활용하는 것이 매우 중요하다. 단기선교 기간 동안 교역자나 부장선생님들이 돌아가면서 기도회를 인도하거나, 간증집회를 하면서 당시의 사진을 화면으로 보여주면, 대부분의 부모들이 갑급한 심정으로 아이들을 위해 기도하게 된다. 한 번은 술 담배를 즐겨하던 한 아이의 아버지가 이 기도회에 참석하면서 자녀들을 위해 그 좋아하던 것을 끊겠다고 선포한 적도 있었다. 그것이 계기가 되어 그분은 교회에서 하는 '아버지 학교'에 자발적으로 참여하기도 했다. 이러한 학부모 기도회는 나중에 아이들이 돌아왔을 때, 부모님들이 밤마다 자신들을 위해 울며 기도하셨다는 이야기를 들은 아이들에게도 큰 감동을 준다.

믿지 않는 학부모들도 사역의 장에서 배재하지 말고 함께 하도록 해야 한다. 단기선교를 가면 무척 힘든 시기가 있는데, 그때, 떠나기 전 아이들 몰래 부모들에게 부탁하여 쓰게 한 편지를 깜짝쇼로 전달하면, 그 시간은 그야말로 눈물바다가 된다. 아이들에게 그 경험은 평생 잊지 못하는 기억으로 남게 되는 것이다. 때로 수련회에서도 이런 것을 활용하여 아이들에게 평소에 경험하지 못했던 부모님의 사랑과 은혜를 체험하게 할 수도 있다.

부모들을 활용하라. 신앙을 가진 부모이든 신앙을 가지지 않은 부모이든, 부모에게는 누구나 자기 자녀는 애절하기 때문이다.

리멤버 타이탄

　　　　　　　　　　　실화를 바탕으로 한 '리멤버타이탄'이란 영화는 70년대 버지니아의 흑인 고등학교와 백인 고등학교가 하나로 합쳐지면서 일어난 문제를 소재로 다룬 영화다. 미국 정부는 인종차별을 해소하기 위해 강제로 두 학교를 합치기로 결정하였고, 그들은 풋볼이라는 스포츠로 인해 충돌을 빚으면서 결국 인종문제로 발전하여 갈등을 겪게 된다. 그러나 그들은 스스로 문제를 발견하여 해결해 나간다. 풋볼의 연승 행진으로 도시 전체는 열광하게 되고, 언젠가부터 그들은 인종에 관계없이 자신들이 하나가 되었음을 느끼게 된다. 그리고 그들은 주 대항 챔피언 전(state championship) 진출권을 따내게 된다. 모두가 기뻐 파티를 즐기고 있을 무렵 주장이었던 게리가 교통사고를 당해 전신마비가 된다. 게리의 부상에도 불구하고 그들은 주 결승에서 이겨, 전국 2

위라는 성적으로 시즌을 마치게 된다. 그리고 영화는, 게리의 장례식에 몇 년 만에 모든 선수들이 다시 모이는 장면으로 끝을 맺는다.

미국의 70년대 사회적인 이슈로 등장했던 인종차별이라는 풀리지 않는 문제를, 스포츠라는 방법을 통해 그 해결의 실마리를 영화에서 제시하고 있다. 그들이 항상 부르던 노래처럼 백인과 흑인은 하나가 될 수 있다는 걸 보여준 명작이다.

교회가 항상 고민하는 것은 하나 됨의 문제이다. 청소년기 아이들은 배타적이다. 자기와 같은 존재에 대해서는 극단적인 동질성을 부여하기도 하지만, 타인에 대해서는 쉽게 마음의 문을 열지 않는다. 심하게는 자신과 다른 존재를 집단적으로 고립(왕따)시키기도 한다. 이것이 청소년 사역의 걸림돌이 되는 경우가 많다. 교사가 아무리 잘해도 아이들이 서로 배타적이라면 곤란한 상황이 아닐 수 없다. 그래서 우리 교회의 경우는 연초에 1학년 신입생이 들어올 때마다 한 행사를 통해 이 문제를 해결해가고 있다. 그것은 바로 '알파 모임'이다. 이것은 일반 모임과는 차별적인 것으로 교사와 아이들이 함께하는 반 수련회와 같은 모임이다. 다음은 알파 모임에 관한 설명이다.

☞ **개요** : '알파' 라는 말은 흔히 더한다는 의미로 사용한다. 이 모임은 매년 새로 들어오는 아이들을 분기별로 교사의 집에 초청하여 아이들과 교사가 함

께 교제함으로써, 특히 새신자를 중심으로 한 만남을 통해 새로 온 아이들이 교회의 문턱을 쉽게 넘을 수 있도록 고안한 프로그램이다.

☞ **취지** : 교회의 규모가 커지면서 서로가 서로를 알지 못하고 배려할 줄 모르는 안타까운 상황이 발생하면서 같은 교회를 다녀도 서로를 알지 못하고, 심지어 교사와 학생 사이도 그냥 한 번 지나치는 사람처럼 인식되는 안타까운 현실을 돌파하겠다는 의도에서 모임을 시작하게 되었다. 알파 수련회는 초등부에서 올라온 아이들을 반에 잘 정착시키며, 기존에 있던 2·3학년 반 아이들에게도 다시 한 번 팀워크를 다지는 기회가 된다.

☞ **방법** :
① 아이들과 적당한 시간을 약속한다. 토요일이나 공휴일이 좋다. 새신자를 초청하는 것이 특히 중요하다.
② 특정한 장소에 모여 1박을 하며 같이 먹고 자는 것을 모임의 기본으로 한다. 교사의 집이 가장 좋은데 여의치 못할 경우, 교회나 그 외의 다른 곳도 괜찮다.
③ 같은 촌이나 뜻이 맞는 반과 합하여 중(中)그룹(20~30명)을 형성하여 모임을 진행해도 무방하다.
④ 아이들과 같이 시장을 보거나, 음식을 같이 하거나, 영화를 보거나, 축구나 농구를 같이 하는 등의 방법을 활용할 수 있다.

⑤ 전날 함께 자고 다음 날 아침 다같이 목욕탕에 가서 서로 때를 밀어주는 것도 좋다.

⑥ 1학년 반과 교사가 바뀐 반은 반드시 모임을 진행한다. 계획서를 먼저 제출하고, 모임을 실시한 후 보고서를 제출하게 한다.

☞ **실례 :**

구분	새신자 알파 수련회	반 알파 수련회	비 고
대상	일정 기간 새로 나온 아이들(전도한 친구와 함께 수련회에 참석하는 것도 좋은 방법임).	반 전체 아이들(새신자는 반드시 참석!)	반 알파의 경우 같은 촌이나 뜻이 맞는 다른 반과 합해 중(中)그룹(20~30명)으로 진행해도 상관없음.
시간	토요일이나 공휴일 전날 오후부터 익일 오전까지.		예배시간에 지장이 되지 않도록 한다.
장소	불편함 없이 아늑하게 보낼 수 있는 장소.	담당 교사 가정.	교회나 수련원도 무방함, 예배에 참석하는 데 지장이 없을 정도의 거리에 있는 장소

구분	새신자 알파 수련회	반 알파 수련회	비 고
추천 프로그램	• 함께 음식 만들어 먹기(김밥, 떡볶이. 삼겹살 파티 등). • 체육 활동(축구, 농구, 인라인 스케이트 등. 경기를 함께 관람하는 것도 좋음). • 각종 공동체 게임(조각퍼즐 맞추기, 젠가 등). • 찜질방 혹은 목욕탕 가기. • 자기고백, 촛불의식, 서로를 위해 기도하기 등.		음식 만들기의 경우는 장보는 것도 함께함. 영화감상의 경우는 너무 흥미 위주의 것이나 지나치게 성경적인 것은 피하는 게 좋음. 모든 것은 함께한다는 것과 자기 자신을 드러내는 것으로 관계성과 공동체성을 이끌어내야 함.
시간 계획	토요일 15:30　　　　모이기 16:00~17:30　체육 활동 18:00~20:00　삼겹살 　　　　　　　파티 20:00~21:30　비디오 　　　　　　　관람 21:30~22:00　메시지 22:00~22:30　복음/교회 　　　　　　　소개 　　(영상, 파워포인트 　　: 복음제시) 22:30~ 　- 자기소개 　- 교회생활 나누기 　　(어려운 점, 궁금증) 　- 자기고백/촛불의식 주일 08:00　　　　기상 08:30~09:30　식사 09:30~10:30　소감발표/ 　　　　　　　기도하기 11:00　　　　교회로	토요일 15:00　　　　모이기 15:30~17:00　체육 활동 17:00~18:00　장보기 18:00~19:30　삼겹살 　　　　　　　파티 19:30~21:30　비디오 　　　　　　　관람 22:00~23:30　자기고백/ 　　　　　　　촛불의식/ 　　　　　　　복음제시 23:30~24:00　함께 기도 　　　　　　　하기 24:00~25:00　부르마블 　　　　　　　게임 주일 08:00　　　　기상 08:00~09:30　함께 목욕 　　　　　　　하기 09:30~10:30　식사 및 　　　　　　　교제 11:00　　　　교회로	• 새신자 알파 수련회에서 비디오를 볼 경우에는 기독교적인 내용의 것을 보도록 하고, 내용에 부합하는 간단한 메시지를 준비한다. • 자기고백이나 촛불의식을 할 때에는 아이들이 솔직하게 자신의 내면을 이야기하게 하되, 자칫 다른 분위기를 이끌 수 있는 문제들(이성교제, 돈 등)은 피하도록 한다. 그리고 가정이나 교회, 학교에서 처한 상황 및 각오를 말하게 한다. • 중그룹 알파 수련회일 경우 교사들이 프로그램을 분담하여 진행하는 것이 효율적이다. • 관계 형성을 중심으로 하되, 교회나 복음에 대해 너무 많은 것을 알려주고자 하는 프로그램은 지양한다.

한 번의 알파 모임은 3년 동안 아이들과의 관계를 맺어가는 데 초석이 될 뿐 아니라, 반의 분위기를 완전히 바꿔 놓는 일등공신이다. 그래서 교사들은 매년 알파 모임을 통해 아이들과의 관계를 맺는 일에 주력하고 있다.

교회에서 공식적으로 하는 수련회는 대개의 경우 많은 사람을 대상으로 한다. 그 때문에 개개인의 만남이 소홀해지는 경우가 많다. 그에 반해 반으로 이루어지는 알파 수련회는 아이들에게 평생 잊지 못할 추억을 만들어주며, 서로가 하나라는 작은 공동체 의식을 심어줄 수 있는 효과적인 프로그램이 될 수 있다.

새 친구를 초청하라

청소년들이 가장 중요하게 생각하고 의식하는 존재는 바로 친구이다. 심지어 친구라는 존재가 자신의 정체감을 결정하는 기준이 되거나 행동의 동인이 되기도 한다. 그래서 바로 이러한 친구부터 전도를 시작하게 해야 한다. 친구 따라 강남 간다는 말처럼 아이들이 친구를 따라 교회에 오도록, 더 나아가 친구를 따라 구원받도록 해야 한다. 진정 자신의 친구가 소중하다면, 현재 자신에게 가장 소중한 존재인 예수님을 소개하고 전하지 않고서는 안 되기 때문이다.

많은 교회의 청소년 부서들이 이제까지 불특정 다수를 향한 전도에 힘을 기울여왔다. 물론 불특정 다수에 대한 복음 선포도 중요한 일이다. 하지만 가까이에 있는 특정 소수를 먼저 전도하고, 그 후에 영역을 확대해서 전도해도 늦지 않다. 아이들에게 먼저 자신의 친구를 전도하게 하라. 진정한 친구라면 참된 생명을 전하고, 함께 그 기쁨에 동참시키는 것이 당연한 책임이다.

친구초청잔치는 우리가 잘 알고 있고, 이미 많은 교회에서 시행하고 있는 청소년 부서의 전도 프로그램이다. 이것은 자신이 알고 있는 최대한 많은 친구들을 교회로 초청하여 그들에게 교회의 문화를 경험하게 하고, 또 그들에게 복음을 제시해 예수님을 알게 하며, 더 나아가 교회로 인도하는 데 목표를 두고 있다. '총동원'이나 '전도', '행사'라는 용어를 쓰지 않고, '친구'라는 용어를 쓰는 이유는, 청소년에게 있어서 친구가 얼마나 중요한 존재인지를 강조하고 친근감을 표현하려는 의도에서 사용한 것이다. 또한 그들을 초청하여 영적으로, 육적으로 풍성하게 베푼다는 의미를 두어 '초청잔치'라는 말을 쓰고 있다. 이러한 친구초청잔치의 강점은, 보다 많은 아이들이 교회의 문화와 복음을 체험하도록 복음을 강력하게 제시한다는 것이며, 부서 전체의 행사로 전도의 시너지 효과를 볼 수 있다는 점이다. 청소년들에게 있어서 '전도'는 극히 개인적이며 배타적인 성격이 짙다. 그렇기 때문에 전도에 대한 아이들의 관심 및 참여는 교회의 다른 부서보다 적은 상황이다. 더군다나 우리 교회 중등부의 경우는 아이들의 출석수가 워낙 많기 때문에 누가 누군지도 모를뿐더러, 전도를 하지 않아도 별 차이가 없다고 생각하는 경우가 종종 있다. 그런 이유로 아이들은 전도의 필요성을 알지도 또 느끼지도 못한 채, 그냥 예배와 모임에 참석하는 것에 머물게 된다.

그러나 이들을 전도에 대해 생각하게 하고 행동하게 하는 것이 딱 하나 있다. 그것은 바로 '친구'이다. 친구라면 사족을 못 쓰는 아이들에게 주일에도 '그 친구들과 함께한다'는 마음을 갖게 해 스스로 전도하도록 동기를 유발시키는 것이다. 중요한 것은 개인적으로 전도하게 하는 것보다, 반이나 촌, 학년, 그리고 부서 전체에 전도의 분위기를 고조시킴으로써 전도 역시 교회 친구들과 '함께한다'는 동역의 이미지를 주어, 구체적인 실천을 할 수 있도록 동기를 유발시켜야 한다는 것이다. 한 가지 염두에 둘 것은, 이러한 친구초청잔치가 일회성으로 끝나는 행사가 되어서는 안 된다는 사실이다. 한 번 친구는 영원한 친구인 것처럼, 교회에 한 번이라도 나온 친구들은 끝까지 책임지도록 교사와 반 친구들의 지속적인 노력이 필요하다. 아직 전도하지 못한 친구들은 친구초청잔치의 연장선에서 포기하지 않고 계속적으로 관심을 기울여야 한다.

친구초청잔치는 1년에 한 번 한다. 시기는 보통 아이들이 새로운 학년과 생활에 적응해가는 5월 정도가 좋다.

친구초청잔치를 하는 데 있어서 가장 중요한 것은, 출석하는 아이들 중 한 명도 빠짐없이 전도를 하게 해야 한다는 점과, 새로 온 아이들에게는 무조건적으로 귀빈 대우를 하며 잔치를 배설해야 한다는 점이다.

☞ **지켜야 할 원칙들**

- 규모에 상관없이 최소한 한 달 전에 행사가 구체적으로 기획되어야 한다.

- 기획 전부터 반드시 기도로 잔치를 준비해야 한다.

- 한 사람도 빠짐없이 잔치에 한 명 이상 데려오도록 한다.

- 아이들의 눈높이에 맞게 전도의 의미와 방법에 대해 설명해야 한다.

- 구체적인 행동과 노력을 실천하게 한다.

- 친구들을 교회로 인도하는 데 우선 목적을 둔다.

- 잔치 후 교사 모임에서 피드백(feedback)을 한다.

- 사후 관리를 확실히 이행한다.

☞ **실례 : 안산동산교회 중등부 친구초청잔치**

1. 표어 : '소중한 친구를 위한 우리만의 화끈한 선물'

2. 일시 : 2004. 5. 26(주일) AM 11:30 ~ PM 15:00

3. 장소 : 본당 미션홀 / 동산고 교실 및 근린공원

4. 목표 : 한 사람도 빠짐없이 한 명 이상의 친구를 전도하여 모두가 참여하도록 하며, 그 사명을 알게 한다.

5. 구체적 일정

전체 일정

날 짜	내 용	비 고
4/28	플래카드 설치 – 예배 중 선포식	홍보 영상
5/5	'믿음의 친구 만들기' 명단 작성	각 반별 확인
5/12	체크 리스트 1 소형 유인물(초청장)배부	대상자 게시
5/19	체크 리스트 2 소형 유인물(초청장)배부	홍보 영상
5/25	예배 리허설/식사 및 프로그램 총 체크/데커레이션	주중 학교에서 전도
5/26	친구초청잔치 당일	아침 전화 심방
6/2	인도자와 반별 시상 및 교사 피드백	초청자 분류 및 심방
	새신자 팀과 알파 수련회로 연계	메일, 편지 발송

행사 당일

구 분	시 간	내 용	비 고
예배와 교제	11:30~11:50	찬양 & 경배	밝고 경쾌한 분위기
	11:50~12:00	스킷 공연	주제 제기
	12:00~12:10	본문 읽기/성가대 찬양	
	12:10~12:30	설교 – 임출호 목사(영화설교)	영화 편집물 check
	12:30~12:35	중등부 소개 영상	행사, 부서 중심
	12:35~12:50	CCM 공연 – '믿음의 사람들'	
	12:50~13:00	헌금 – 파워 워십(율동팀)	각 학생장들
	13:00~13:10	초청된 친구들 환영 및 축하	선물 준비
	13:10	축도	
나눔과 어울림	13:30	각 촌/반별 모임 장소 이동	지정 장소 확인
	13:30~14:20	각 촌/반별 파티	피자나 간식 등
	14:20~15:00	레크리에이션 및 공동체 프로그램	촌장 인도 하
	15:00	폐회	

6. 기타 준비사항

- 친구초청잔치를 위한 중보기도대 가동.

- 예배당 데커레이션.

- 초청 대상자 선물, 전도자 시상(개인별, 반별 및 체크 리스트 이행한 사람).

- 초청 대상자 담당 데스크 설치: 접수 및 표식 부착

  (인도자 : 빨간 장미, 초청 대상자: 노란 스마일 스티커)

- 전담 교사 배치(접수 데스크 및 각 입구에서 인도).

- 모든 교사 명찰 반드시 착용.

- 각 모임으로 이동 시 학생들의 안전에 철저 대비(교통봉사대 협조 의뢰).

믿음의 친구를 위한 자가 체크 리스트 1, 2

날짜	체크 내용	체크!	이것은 보너스!
5/13 (월)	● 어떤 친구를 초청할지 결정할 때 하나님의 도우심을 구했나요? ● 초청할 친구는 결정했나요? ● 초청할 친구를 위해 기도했나요?	☐ ☐ ☐	정하지 않은 친구들은 빨리 정하도록 해요!
14(화)	● 나름대로 초청 방법과 계획을 날짜별로 세웠나요? ● 초청할 친구를 위해 기도했나요?	☐ ☐	전쟁에서와 마찬가지로 전도에도 전략과 방법이 중요합니다.
15(수)	● 초청하기로 정한 친구(들)와 둘만의 시간을 가졌나요? ● 초청할 친구를 위해 기도했나요?	☐ ☐	예) 이야기하기, 밥 같이 먹기, 공부하기 등
16(목)	● 우리 교회나 예수님에 대해서 이야기해 보았나요? ● 초청할 친구를 위해 기도했나요?	☐ ☐	상대가 부담을 갖지 않는 한도 내에서 이야기하세요.
17(금)	● 주말에 무엇을 할지 계획을 물어보고, 교회에 대한 친구의 마음을 알아본다. ● 초청할 친구를 위해 기도했나요?	☐ ☐	주말에 한 번 이상 만남을 가져라.

믿음의 친구를 위한 자가 체크 리스트 1, 2

날짜	체크 내용	체크!	이것은 보너스!
5/18 (토)	● 초청 대상자와 만남을 가진다. ● 초청할 친구를 위해 기도한다.	☐ ☐	영화, 쇼핑, PC방 등 다른 데 신경 쓰지 못하도록!
19 (주일)	● 주일예배에 관해 말해준다. ● 처음 세운 계획이 제대로 되어 가는지 확인한다. ● 초청할 친구를 위해 기도한다.	☐ ☐ ☐	예배에 대한 호기심을 유발하도록 합니다.
20(월)	● 학교에서 같이 시간을 보낸다. ● 초청할 친구를 위해 기도한다.	☐ ☐	운동, 점심, 공부, 심지어 화장실 같이 가는 것까지!
21(화)	● 같이 밥을 먹거나 간식을 먹는다. ● 초청할 친구를 위해 기도한다.	☐ ☐	함께 먹는 것에서 엄청난 유대감이 형성됩니다.
22(수)	● 초청할 친구에게 한 가지 이상 도움을 준다. ● 초청할 친구를 위해 기도한다.	☐ ☐	친구의 부탁을 들어주는 것은 어때요?

믿음의 친구를 위한 자가 체크 리스트 1, 2

날짜	체크 내용	체크!	이것은 보너스!
5/23 (목)	● 초청잔치 또는 예수님에 대해 설명한다. ● 초청할 친구를 위해 기도한다.	☐ ☐	홍보물을 이용하세요.
24(금)	● 토요일에 약속을 잡는다. 　(집 초대, 저녁식사 등) ● 초청잔치, 예수님에 대해 설명한다. ● 초청할 친구를 위해 기도한다.	☐ ☐ ☐	애정공세가 절대적으로 필요한 시기!
25(토)	● 집으로 초대하거나 따로 만나 적극적으로 전도한다. ● 꼭 교회에 온다는 약속을 받아낸다. ● 초청할 친구를 위해 기도한다.	☐ ☐ ☐	주일 아침에 약속을 정하고 같이 만나서 나오도록 합니다.

컴백

컴백(comeback)은 '잃은 양 찾기' 행사이다. 이 행사의 대상은 장기 결석자와, 등록되어 있긴 하지만 출석하지 않는 아이들이다. 물론 새로운 친구들도 포함되지만, 기존에 등록된 아이들을 다시 교회로 인도하는 것에 더 중점을 둔 것이 친구초청잔치와의 차이점이다. 하지만 대부분의 컴백 대상자들이 교회나 복음에 대해 관심이 없거나 미온적인 태도를 보인다는 점은 친구초청잔치 대상자와 동일하다. 컴백 행사의 강점은 불특정 다수가 아닌, 특정 사람에 대한 재전도 프로그램이라는 점으로, 그 효과가 매우 크며, 잠재된 재적인원을 실질 출석인원으로 전환할 수 있다는 점이다.

통일 연합 전선 구축?

컴백 대상자들은 최소한 본 교회에 한 번 이상 나온 아이들이기에 접근하기가 용이하다. 따로 교회에 대한 설명 없이 적극적으로 재전도할 수 있다는 장점이 있다. 가장 중요한 것은 한 대상자를 여러 명이 함께 전도해가는 연합 전선을 구축하는 것이다. 적어도 두 명 이상(전도하는 아이, 교사)은 대상자를 알고 있다. 이 두 명 이상이 한 명의 대상자에게 온오프라인을 총동원해 시간, 공간 차 공격으로 관심을 나타내고 접촉하면, 대상자가 쳐놓은 최후의 방어선도 쉽게 무너지게 된다. 최소한 귀찮아서라도 한 번은 교회에 나오게 된다. 다시 말하자면 이 일을 위해 기도와 행동으로 연합체제를 구축하고, 한 영혼이 돌아오는 이 중대한 일에 모두 함께 공을 들이는 작업이 필요하다는 것이다.

컴백의 방법

컴백 행사는 가을에 실시한다. 이 행사는 한 해 동안 새신자로 등록된 아이들 중 출석이 매우 저조하거나, 친구초청잔치 때는 나왔다가 두 번 이상 출석하지 않는 아이, 장기 결석자, 그리고 전혀 새로운 대상자까지 아우를 수 있는 행사다.

대부분의 교회에서 보통 여름 수련회 이후 출석률과 새신자 등록률이 떨어지는 모습을 볼 수 있다. 그래서 이런 경우 컴백과 같은 행사를 통해 자칫 침체될 수 있는 분위기를 쇄신하고, 다시 도약할 수 있는 기회로 삼을 수 있다. 이 행사를 통해 아이들이 다시 전도하고, 정착하지 못하고 있던 아이들을 다시 정착하도록 도울 수 있을 것이다.

컴백 행사를 하는 데 있어서 가장 중요한 것은 각 반 구성원의 상호 의사소통과 협조이다. 대상자를 놓고 교사와 전도했던 아이, 친한 아이, 집이 가까운 아이 등 같은 반 아이들 모두가 지속적으로 돌아가며 교회 출석에 대한 미끼를 던져야 한다. 어떻게든 대상자와 접촉할 수 있는 연결고리를 가지고 집중적으로 전도해야 한다. 여기에 활용할 수 있는 방법들은 전화심방이나 이슬비편지 발송, 이메일, 만남, 학교 찾아가기 등이 있다.

☞ **지켜야 할 여러 원칙들**

- 규모에 상관없이 최소 한 달 전에 행사가 구체적으로 기획되어야 한다.
- 반드시 기획 전부터 기도로 행사를 준비해야 한다.
- 한 번 이상 교회에 출석한 모든 아이들을 대상자로 정한다.
- 대상자 한 명을 2~3명이 한 조를 이뤄 담당하며, 다양한 방법으로 대상자에게 접촉한다.
- 출석하는 아이들과의 관계를 바탕으로 하여 대상자가 교회에 나오도록 유도한다.
- 행사 후 교사 모임에서 피드백을 한다.

- 사후 관리를 확실히 이행한다.

☞ **실례**

전체 일정

날짜	내 용	비 고
9/25	플래카드 설치 - 예배 중 선포식	교사 대상자 선정
10/2	각 반별 출석자와 대상자 매칭(짝짓기)	홍보 영상 1
10/9	컴백 대상자에게 컴백 엽서 보내기 1	
10/16	과제 1 - 기도, 전화, 대상자 마니또 되기/초청장	홍보 영상 2
10/23	컴백 엽서 보내기 2/초청장 과제 2 - 기도, 폭탄전화, 이벤트(밥, 영화 등)	폭탄전화(반 전체가 한 명에게 집중하여 전화)
10/29	예배 및 행사 리허설/ 진행사항 전체 체크	데커레이션
10/30	컴백 2004 행사 진행	촌, 각 반 분류 철저
11/6	시상 및 각 반별 단합대회/피드백	알파 수련회 연결

행사 당일

구 분	시 간	내 용	비 고
예배와 교제	11:30~11:50	찬양 & 경배	밝고 경쾌한 분위기
	11:50~12:00	영상	주제 제기
	12:00~12:10	본문 읽기/성가대 찬양	
	12:10~12:30	세미 뮤지컬(semi-musical) 공연	조명, 음향 체크
	12:30~12:50	설교	
	12:50~13:00	헌금 - 파워 워십(율동팀)	각 학생장들
	13:00~13:10	컴백 친구들 환영 및 축하	관현악, 찬양 팀 등 (선물 준비)
	13:10	축도	
나눔과 어울림	13:30	각 촌/반별 모임 장소 이동	지정 장소 확인
	13:30~14:20	각 촌/반별 파티	분식 뷔페 등
	14:20~15:00	마을별 체육대회	마을장 또는 촌장 인도 하
	15:00	폐회	

예스(YES) 모임

예스(yes) 모임은 주중 학교 내 소모임으로, 'Youth Evangelism Student'의 약어이다. 이 소그룹 모임은 교회뿐만 아니라, 학교생활 가운데 따로 시간을 정해 아이들의 신앙을 점검하는 것으로, 모임의 궁극적인 목표는 새로운 친구를 예스 모임과 연계해 교회로 인도하는 것이다. 예스 모임에서는 2~3명의 동성 친구들이 모여 성경 읽기(Bible reading), 죄 고백(Confession sins), 회심 중심 기도(Convert-focused prayer) (이하 BCC)를 하게 한다. 이 모임을 통해 아이들은 주일뿐만 아니라 주중에도 말씀을 읽고, 기도하며, 더 나아가 전도에 대한 실천을 꾀할 수 있게 된다. 이 예스 모임의 강점은, 교회 구성원에게 꾸준한 믿음 훈련을 시킬 수 있다는 것과, 기존에 있던 학교 내 기도 모임의 차원을 넘어 아이들이 생활하는 실제 환경에 전도의 전초기지를 확보하는 역할을 하게 된다는 것이다.

예스 모임의 배경

중등부 안에 갈수록 어려워져가는 문제들-아이들의 신앙 정체와 전도 부족-을 타개하기 위해 우리가 내놓은 아이디어는 신앙과 관련된 영역의 확대와 소그룹이었다. 사실 일주일에 하루, 그것도 엄밀히 따지면 두 시간 남짓의 예배로 아이들의 신앙이 질적으로 성장하고 전도하는 데까지 이르도록 하는 것은 거의 불가능한 일이다. 물론 많은 시간을 확보하는 것이 곧 신앙을 성장하게 하고 전도하게 하는 것은 아니다. 하지만 아이들이 실제로 생활하는 영역에서 교회 생활의 연장으로 볼 수 있는 신앙적 모습들이 거의 없다는 것은 매우 중요한 지적이다. 그리스도인은 자신이 생활하는 실제 삶에서 그 모습과 믿음의 진가가 나타나야 하는데, 현재 우리 아이들의 모습은 전혀 그렇지가 않다. '선데이 크리스천'(Sunday Christian)을 넘어서 '인 처치 크리스천'(In Church Christian)의 지경에까지 와 있는 실정이다. 따라서 진짜 승부를 걸어야 하는 건 아이들이 실제로 생활하는 학교 현장이다.

사실 학교 안에서 할 수 있는 여러 가지 프로그램이 존재하긴 하지만, 우리 중등부의 상황과는 맞지 않았다. 어떤 종류의 모임이든 지속적으로 유지되고 실제적이며 생명력이 있도록 하는 것이 관걷이기 때문이다. 그러한 취지로 예스 모임은 실제적이고 역동적인 모임이 되도록 방향을 잡았다.

예스 모임은 BCC(성경 읽기를 통한 진리 탐구, 죄 고백을 통한 회개 및 관계성 증진, 회심기도를 통한 영혼 구원에 대한 관심 증대 및 전도)를 내용으로 하는 실제적인 신앙 훈련으로서 아주 단순하면서도 그 목적이 뚜렷하다. 새로운 친구를 계속 접촉하여 전도하는 것이 예스 모임의 궁극적인 목표이다. 전혀 예수를 모르는 친구나 교회에 다니지만 신앙이 없는 친구, 다른 교회에 다니지만 함께 모임을 갖고 싶어 하는 친구를 모임에 참석시킨다. 이러한 예스 모임은, 아이들에게 교회뿐만 아니라 학교 안에서도 그리스도인으로서의 정체성을 갖게 하며, 신앙의 정진을 도모하게 하고, 믿지 않는 친구들에게 관심을 가지고 전도하게 한다. 또 이러한 소그룹이 점점 확장되어, 여러 개의 소그룹으로 나뉘고, 결국 학교 전체가 예스 모임을 하게 되는 것이 우리의 비전이다.

예스 모임 방법

예스 모임은 주 1회 모임을 갖는다. 각 학교별로 모임을 갖게 되는데, 모이는 장소와 시간은 학교 상황에 맞춰 결정한다. 가능하면 학교 내 기독 동아리 같은 형태로 시간과 장소를 확보하는 것이 좋다. 교사 중 기독교인이 있다면 도움을 받아 학교 내에 있는 음악실, 과학실 등과 같은 장소를 이용하는 것도 좋은 방법이다. 그것이 여의치 않다면, 운동장 등나무 밑이나 옥상 등 일반 다른 학생들의 영향을 받지 않는 곳에서 모임을 하도록 한다. 시간은 방과 후나 점심시간 등을 활용하고, 소요시간은 30분 정도로 한다. 순서는 먼저 전체 기도로 시작하고, 함께 찬양을 부른 뒤, 각 소그룹으로 모임을 갖게 된다. 소그룹은 2~3명으로 구성되며, 모임 내용은 BCC이다. 소그룹의 리더는 특별한 자격이 있는 것은 아니며, BCC를 진행하는 일을 맡는다(돌아가면서 하는 것도 가능). 만일 새로운 친구가 그 소그룹에 들어왔다면, 원래 2명이었던 경우엔 3명이 모이고, 3명이었던 경우에는 2명씩 두 그룹으로 나누어 모임을 갖는다. 그 외에도 매 주일 예스 모임 내 소그룹 리더 모임을 갖고, 한 달에 한 번 정도 학교를 방문해 모임을 격려하고 아이들에게 도전을 준다.(햄버거, 콜라 지참)

BCC의 의미

성경(Bible)_ 팸플릿에 표시된 성경 한 장을 매일 네 번씩 읽어 와야 한다. 이것은 일주일 동안의 개인 과제이다. 한 장을 네 번 읽도록 하는 것은 아이들이 성경을 이해하고 기억하게 하기 위해서이다. 소그룹 모임 때 서로 성경 읽기를 체크하는데, 만일 해당 부분을 읽어 오지 않은 아이가 있다면 그 부분을 모두 함께 소리 내어

네 번씩 읽도록 한다. 말씀을 읽은 뒤 기억나는 부분과 느낀 점들을 서로 나누고 이야기한다.

고백(Confession)_ 죄를 고백하는 부분이다. 일주일간의 삶을 통해 지은 죄를 서로에게 고백하고 회개기도를 하는 시간이다. 다른 사람에게 죄를 고백하는 것은 어려운 일이지만, 그만큼 이 소그룹의 관계가 깊고 친밀하게 되어야 함을 의미한다. 또한 이것은 다음 한 주 동안 동일한 죄를 반복해서 짓지 않고, 그 죄를 다시 이야기하지 않게 하려는 의지적인 고백과 자기 인식의 행위이다. 처음에는 팸플릿에 있는 항목들을 체크하며 고백하게 하되, 모임이 깊어지면서 아주 은밀한 부분의 죄까지 고백할 수 있도록 모임을 인도한다. 죄 고백 후 서로 자신이 지은 죄를 회개하는 기도를 드린다.

회심(Convert)_ 이것은 BBC의 핵심으로, 친구들을 예스 모임이나 교회로 인도하기 위해 대상자를 정하고 그를 위해 기도하는 시간이다. 대상자를 위한 정보가 구체적으로 나누어져야 하며, 이를 위해 함께 전도의 계획을 나누는 시간이다. 가장 중요한 것은 실제적인 행동과 모임(교회)으로 인도하는 일이 나타나도록 기도하는 것이다.

☞ **지켜야 할 여러 원칙들**

- 예스 모임을 위해 전 부서가 기도로 뒷받침해야 한다.

- 반드시 소그룹은 동성으로만 이뤄져야 한다.

- 반드시 일주일에 한 번 이상 모임을 가져야 한다.

- 소그룹 리더는 임원이나 봉사 부원(청지기)들이 하도록 한다.

- BCC의 내용이 그대로 진행되어야 한다.

- 소그룹 안에서 나눈 죄 고백 내용은 절대 비밀로 한다.

- 반드시 전도 대상자를 소그룹으로 오게 해야 한다.

- 친교 모임이 되지 않도록 한다.

☞ **실례 : 안산 시곡 중학교 예스 모임**

- 시간 : 매주 토요일 오후 1시

- 장소 : 학교 내 정자

- 순서

　　1:00　　　찬양 3곡

　　1:10　　　예스 모임 반장 대표기도

　　1:10~1:40　각 소그룹별 BCC 모임(목사님 및 전도사님 격려 방문)

　　1:45　　　귀가(소그룹 리더들 반장에게 내용 및 출석 보고)

학교별 사역이 활성화된다면 교회의 역량은 극대화될 수 있다.

또한, 학교에서 아이들은 그리 쉽게 자신을 노출하지 않는데 이런 모임을 통해 자연스럽게 동질 집단을 만남으로 자신의 신앙을 고백하며 체크할 수 있다면, 영적으로 건강한 청소년으로 성장할 수 있을 것이다.

예스 모임에서 쓴 한 아이의 편지를 소개하고자 한다.

예수님께

예수님, 안녕하세요. 저 정윤이에요.

죄송해요. 제가 많은 죄를 지었어요. 항상 그러지 않으려고 노력해도 잘 되지가 않아요. 주님, 저와 함께 해주세요. 주님, 제 마음속에 들어와 주세요. 저 많이 힘들어요. 주님께서 저와 함께 해주셔서 저에게 주님의 지혜와 사랑을 주세요.

주님, 저 찬양 팀에 있고 싶어요. 계속 찬양 팀에서 봉사하고 싶어요. 도와주세요. 찬양 팀에서 봉사하면서 주님과 함께 할 수 있도록 해주세요. 좋은 선생님들과 선배님과 함께 할 수 있도록 해주세요.

주님, 저의 주인이 되어 주세요. 그리고 제가 알고 있는 죄 짓지 않게 해주세요. 주님께 죄 짓지 않고, 찬양과 기도와 사랑을 드릴 수 있도록 해주세요. 항상 저에게 주님을 나타내 주시고 주님과 함께 있다는 것을 느끼게 해주세요.

주님, 지난주에는 시험을 보았습니다. 사실 공부를 많이 못했어요. 그런데도 주님이 도와주셔서 80점이 넘었어요. 감사해요.

주님 저희가 시험 점수가 낮다고 좌절하거나 주님을 믿지 않는 일이 생기지 않게 도와주세요. 좌절해서 나쁜 길로 빠지지 않고, 주님께 더 기도하고, 더 노력해서 기말 때는 더 잘 볼 수 있도록 해주세요.

주님, 제 주변에 힘든 아이들과 친구들이 많습니다. 주님이 그 친구들과 함께 해주세요. 주님께서 그 아이들 마음속에 들어오셔서, 그 아이들이 주님을 믿고 따를 수 있도록 해주세요. 힘들다고 나쁜 길로 빠지지 않게 해주시고, 힘들수록 주님께 더욱더 기도할 수 있게 해주세요.

주님, 우리나라를 새롭게 변화시켜 주세요. 주님께서 우리나라를 구해 주세요. 부흥이 일어나게 해주세요. 주님과 함께 이 땅이 하늘나라가 될 수 있도록 더욱 기도 열심히 할 수 있게 해주세요. 그리고 저희 가족 모두 좋은 일만 있게 해주세요. 저희 가족과 함께 해주셔서, 저희 가족 안에 부흥이 일어나게 해주시고, 서로 깊은 유대감을 가지고 살아가게 해주세요.

주님 그럼 이만 줄일게요. 안녕히 계세요.

정윤 올림

안산에는 중학교가 25개 있다. 그 중 교회 주변에 위치한 중학교는 10개 미만이다. 그 10개 학교 가운데, 어느 학교는 60명 이상 예스 모임에 모이기도 한다. 아이들이 리더가 되어 전도가 활성화되는 경우도 많다. 물론 모든 학교의 모임이 다 잘되는 것은 아니다. 어느 학교는 모임의 존폐 여부를 두고 오랫동안 기도하기도 했다. 하지만 아이들이 스스로 리더가 되는 과정을 거치면서, 아이들 안에 잠재된 리더십을 발견하게 된다. 한국의 아이들이 오랫동안 공부에 찌들려 사는 동안 자기 안의 가능성을 사장시키는 경우가 많은데, 이 예스 모임은 아이들 스스로 이끌어 가는 활동으로 자리매김하면서, 아이들 안에 있는 잠재력과 소망을 이끌어낼 수 있었다.

다시 한 번 교회가 세상의 희망이며 마지막 대안이라는 사실을 고백하지 않을 수 없다.

죽어도 좋을
수련회로 만들라

교회를 다닌 연수와 상관없이 청소년들 중에는 어른들이 원하는 수준의 신앙 모습을 가지고 있는 아이들이 많지 않다. 물론 훌륭한 신앙을 가진 아이들도 있다. 하지만 실제 아이들은 기도도 잘 못하고, 이것저것 실망스러운 부분을 많이 가지고 있다. 좀더 속 깊이 들어가 보면 신앙에 있어 방황을 하는 아이들도 많다. 그렇다면 이러한 아이들을 우리는 과연 어떻게 할 것인가?

다음은 중등부를 졸업한 아이들이 보내온 편지이다. 아이들에게 이러한 글이 나올 수 있는 힘은 어디에 있을까?

> 사랑합니다. 목사님! 고맙습니다. 목사님! 정말 사랑합니다. 중등부 생활은 짧은 제 인생에서 크나큰 터닝 포인트였으며, 아직도 제게 남아있는 큰 추억입니다. 목사님, 정말 감사합니다.
> 중등부 3년, 지금도 잊지 않고, 앞으로도 잊지 않을 것이고, 평생 감사할 거예요. 사랑합니다!
>
> 목사님, 감사합니다. 그동안 은혜 받게 해주셔서 감사합니다. 제가 방황하고 있을 때 목사님의 설교는 저를 바른 곳으로 가게 해주었습니다. 설교를 들을 때마다 저를 다시 한 번 생각할 수 있는 기회가 되었습니다. 정말 감사합니다.

주일예배를 통해서도 많은 은혜를 경험하지만 여름이나 겨울에 갖는 수련회에서 우리는 강력한 은혜를 체험한다. 단순히 해야 하기 때문에 하는 수련회라면 차라리 하지 마라. 진정 수련회를 하려면 죽어도 좋을 수련회를 하라.

수련회는 우선 재미있어야 한다. 청소년을 대상으로 하는 수련회가 재미없다면 어떻겠는가? 상상만으로도 끔찍하다. 하지만 의미를 놓쳐서는 안 된다. 아이들은 의미와 재미를 동시에 추구한다.

물론 아직 성숙하지 못한 아이들일 경우는 재미만을 추구하기도 한다. 하지만 중요한 것은, 재미로 아이들의 흥미를 이끌되, 최종적으로 그들이 하나님을 만나는 체험을 하도록 도와주어야 한다는 점이다. 또한 프로그램이 좋아야 한다. 아무리 좋은 것이라도 아이들이 먹지 않으면 무슨 소용이 있겠는가? 아이들의 눈에 좋다고 해서 피가 뚝뚝 떨어지는 소의 간을 그냥 먹일 수는 없지 않은가? 현명한 엄마라면 간을 잘 양념해서 아이들이 먹을 수 있도록 햄버거 같은 것에 넣어주는 방법을 선택할 것이다.

이제 중요한 것은 의미이다. 수련회의 목적이 무엇인가? 난 하나님을 만나는 것이 수련회의 목적이라고 생각한다. 교제도 중요하고 공동체 의식도 물론 중요하지만, 아이들은 하나님을 만나야 한다. 그래야만 변화가 일어난다. 그렇다면 가장 중요한 시간은 말씀과 기도 시간이다. 말씀을 잘 준비하라. 담당 교역자가 준비하기 어렵다면, 잘 준비된 외부강사를 섭외하라. 그래서 아이들이 신나게 말씀을 먹도록 하라.

또 하나 중요한 것은 기도회 시간이다. 여기서 승부가 난다. 아이들이 흔히 수련회에서 은혜를 받았다고 하는 경우는 바로 기도회 때문이다. 그런데도 어떤 교회는 이토록 중요한 기도회를 소홀히 하기도 한다. 가장 중요한 것을 빼고 지나가는 것이다. 모든 에너지와 시간이 여기에 집중되어야 한다. 그래야 아이들이 변화할 수 있다. 기도회를 할 때 평소에 기도가 잘 준비되어서 기도의 문이 먼저 터지는 아이들이 있다. 그 아이들은 단상 앞으로 앉혀라. 그들이 기도회를 주도해 갈 것이다. 성령님이 많은 아이들 가운데 누구를 먼저 만지실지는 알 수 없으나 대개의 경우 준비된 영혼을 쓰신다.

기도회에 전적으로 올인하라. 그렇다면 기도회는 언제까지 해야 하는가? 영적전쟁에서 승리할 때까지이다. 만약 다음 프로그램 때문에 기도회 시간이 방해를 받는다면 과감하게 없애든지, 아예 처음부터 기도회 다음 프로그램을 잡지 않는다. 모든 시간의 초점을 기도회에 맞추어서 진행하라. 기도에 익숙하지 않는 아이들은 힘들어할 수도 있다. 그러나 처음부터 쉬운 것은 없다. 기도를 하되 죽을 각오로 하라. 여기서 승부가 나지 않으면 아이들은 재미있는 프로그램만 기억할 것이다. 오직 승부는 기도회다. 정말 잊지 못할 수련회는 기도회에서 판가름 난다.

아이들이 기도할 때마다 늘 뒤에서 무릎을 꿇고 중보기도해주시던 선생님들이 생각난다. 그분들은 새벽까지 이어지는 기도회에 끝까지 자리를 지켜 주신다. 기도회가 새벽 3시, 4시까지 이어져도 여전히 흔들리지 않고 기도해 주신다. 아이들은 교사들을 보면서도 기도가 무엇인지를 안다.

청소년기는 신앙적으로 조금만 이끌어 주면 쉽게 열정적으로 달아오르는 시기이다. 그러므로 스스로 신앙을 결단할 수 있는 계기를 만들어 주는 것이 필요하다. 이를 위해 교회 차원에서 어른들의 신앙 부흥회만 할 것이 아니라 청소년 부흥회나 수련회를 깊은 관심으로 준비하는 것이 꼭 필요하다.

수동형에서 능동형으로

청소년들은 주목받기를 원하지만 대부분의 청소년들은 수동적이다. 이런 아이들을 능동적으로 만들기 위해서는 장이 준비되어야 하며, 그 장을 통해 아이들은 성장한다. 능동적인 아이들은 만들어진다. 또한 능동적이고 긍정적인 아이들이 많아질수록 분위기는 달라진다. 교회는 이런 아이들을 위해 아이들이 직접 참여할 수 있는 프로그램을 많이 만들어야 한다.

주중 프로그램을 개발하라. 주중에 제자 반이나 사역 반(교사들이 운영하는 제자 반, 목회자가 운영하는 사역 반)을 개설하고, 신앙적으로 힘들어하는 아이들이나 사춘기를 심하게 겪는 아이들을 위한 일대일 신앙 과외, 몇 달간 같이 훈련하는 단기선교 프로그램, 공부 때문에 시간을 낼 수 없는 아이들을 위해 학원이나 독서실로 찾아가 같이 먹고 기도해주는 모임 등의 여러 가지 모임을 통해 아이들과의 접촉을 시도할 수 있다. 이러한 프로그램은 수동적인 청소년을 능동적인 청소년으로 바꾸어 가는 데 아주 중요한 역할을 한다.

제자 반 운영 사례

3주 전	주보나 홈피를 통해 제자 반 광고.
1주 전	제자 반 멤버를 정한다(기본적으로 같은 지역 위주로, 8명 정도).
	제자 반 첫 모임의 장소와 시간을 정하고 알려준다.
첫째 주	자기소개서를 쓰고 발표하는 시간을 통해 관계를 형성한다(다과 준비).
	과제에 대해 공표한다. 다음 모임 장소를 안내한다.
둘째 주	지각을 하거나 과제를 하지 않은 사람은 벌칙을 받는다.
	공과공부1 - 하나님은 어떤 분이신가? 「원 투 원(one to one)」 (IVP 성경교재)
	간식을 먹는다. 교제 시간을 갖는다.
	주기도문 암송시험을 본다.
	암송에 모두 통과되면 다음 모임 장소를 안내한다.
셋째 주	지각 체크 및 숙제 검사, 벌칙(*2배).
	공과공부2 - 죄란 무엇인가?
	간식을 먹는다. 교제 시간을 갖는다.
	사도신경 암송시험을 본다.
	암송에 모두 통과되면 다음 모임 장소를 안내한다.
넷째 주 (휴강)	중간고사나 기말고사 기간과 겹치므로 한 주 쉬고 대신 숙제를 해오도록 한다.

다섯째 주	지각 체크 및 숙제 검사, 벌칙(두 주 전과 동일).
	공과공부3 - 죄의 결과는 어떤 것들인가?
	간식을 먹는다. 교제 시간을 갖는다.
	성경목록 중 구약 목록 암송시험을 본다.
	암송에 모두 통과되면 다음 모임 장소를 안내한다.
여섯째 주	지각 체크 및 숙제 검사, 벌칙(*4배).
	공과공부4 - 예수 그리스도는 어떤 분이신가?
	간식을 먹는다. 교제 시간을 갖는다.
	성경목록 중 신약 목록 암송시험을 본다.
	암송에 모두 통과되면 다음 모임 장소를 안내한다.
일곱째 주	지각 체크 및 숙제 검사, 벌칙(*8배).
	공과공부5 - 예수 그리스도는 어떤 일을 하셨는가?
	간식을 먹는다. 교제 시간을 갖는다.
	관계 나눔 후 모임 장소를 결정한다.
여덟째 주	지각 및 숙제 검사, 벌칙(이 때쯤이면 거의 100퍼센트 숙제를 해온다).
	공과공부6 - 나는 어떻게 예수 그리스도를 영접할 수 있나? (6주-동안 배운 공과 총정리 학습을 한다.)
	간식을 먹고 교제 시간을 갖는다. 다음 모임 장소 결정(교회에서 해도 좋다).
아홉째 주	지각 및 숙제 검사
	시험
	80점 이하는 애프터에 나올 수 없고 재수 반에 들어가게 된다.
	1등 혹은 100점은 상품을 준다. 애프터 날짜를 결정한다(회비 지참 광고).

애프터	2시~4시 : 영화관람
	4시~5시 : 보드게임
	5시~6시 : 저녁식사(피자 혹은 햄버거)
	6시~7시 : 스티커 사진 찍기, 아이스크림 먹으며 수다 떨기
	7시 이후 : 집으로(Go Home)

제자 반은 어느 교회에서나 실시한다. 물론 모임을 통해 아이들에게 지식을 전달하는 것도 중요하지만, 아이들과의 만남과 관계를 소홀히 하지 않는 것이 더욱 중요하다.

양육단계를 보여주는 다음의 그림은 우리 중등부 교육 프로그램이다. 이 과정을 통해서 아이들을 어떠한 결과에까지 이르게 하겠다는 가시적인 의도도 있지만, 무엇보다도 내실을 기하는 것에 더욱 관심을 가지고 시행해야 한다. 다시 말해, 이 프로그램에 몇 명이 참석했냐는 것보다, 이 프로그램이 어떤가 하는 것보다, 아이들이 이 프로그램을 통해 진정 행복해하고, 즐거워하고, 변화를 얻고, 또 다시 참여하고 싶은 마음이 든다면, 오히려 그것이 더 큰 성공을 거둔 것이라 하겠다.

이와 같은 프로그램은 교회마다 상황이 다르기 때문에 그대로 다 적용할 수는 없을 것이다.

우리는 1년에 약 300명 정도의 학생이 이러한 4단계 교육 프로그램에 참여한다. 그리고 이 프로그램들은 거의 대부분 교사들에 의해서 움직여진다는 것이 특징이다. 프로그램을 사역자가 다 진행한다고 했을 때는 힘들겠지만 훈련된 교사를 통해 사역하게 되면 훨씬 수월해진다. 이렇듯 수동적인 교회에서 능동적인 교회가 되기 위해서는 많은 만남의 장이 마련되어야 한다.

동산 중등부 양육단계

사자 새끼를 키워라

　　　　　　　　　　60년대와 70년대 우리나라 주일학교는 시대적 상황과 같이 물질적으로 매우 힘겨웠다. 하지만 아이들은 계속해서 교회 안으로 밀려들어 왔다. 교회는 세상만큼 가난했고, 그들에게 풍성한 문화적 혜택을 줄 수 없었다. 하지만 지금은 교회가 그때보다 훨씬 좋은 환경과 혜택을 제공하고 있음에도 불구하고 아이들은 교회를 떠나고 있다. 그 이유가 무엇일까?

　아이들을 야생 밀림을 평정할 사자와 같이 키우고 싶은 것은 우리 모두의 바람일 것이다. 교회 안에서만 힘을 쏟는 우물 안 개구리 같은 아이들이 아니라, 세상에서도 인정받을 아이들로 키우려면 아이들의 영적 파워를 키워야 한다. 나는 그것이 기도와 말씀이라고 생각한다. 다른 대안은 없다. 강력한 기도와 강력한 말씀이 아이들을 강하게 할 수 있다.

고등학교 때 처음으로 예수님을 믿고 미친 듯이 전도를 하던 기억이 난다. 거의 매주 토요일이면 친구들과 서울의 광화문과 서부역에 나가 사영리를 가지고 전도를 했었다. 눈발이 휘날리던 광화문에서 친구들과 손을 맞잡고 차가운 아스팔트 바닥에 무릎을 꿇고 기도했던 시간들, 대학생 형들 누나들을 따라서 갔었던 거지순례 전도여행, 금요일 밤마다 새벽 6시까지 꼬박 밤을 새며 기도했던 행복한 순간들, 학교 복음화를 위해 점심시간만 되면 학교 운동장 중앙에 모여 기도하고 전도하던 기억들, 그리고 다 기억할 수 없는 어려움 속에서도 손을 잡고 기도하던 순간들, 이 모든 것이 지금의 나를 있게 한 밑거름이 되었다.

'요즘 아이들은 변했다, 약하다' 라는 말은 하고 싶지 않다. 오늘날 아이들이 변한 것은 아이들의 책임이라기보다 어른들의 책임이 더 크다. 환경을 보라. 우리 아이들이 뭔가 스스로 할 수 있는 환경과 상황과는 거리가 멀다. 정말 좋은 자질을 가진 아이들이 그것을 다 발휘하지 못하는 경우를 많이 보아 왔다. 세상에서 소금의 역할을 하는 것이 그리스도인의 사명이라면, 우리는 과연 그런 그리스도인을 키우고 있는 것인가? 그렇지 않다면 우리는 이제 다시 일어나야 한다. 아이들을 날지도 못하는 닭으로 키우지 말고, 독수리가 되도록 키워야 한다. 강력한 하나님의 군사로 키워야 한다.

그러면 어떻게 그렇게 할 것인가? 방법은 바로 기도와 말씀이다. 다른 어떤 방법은 없다. 만약에 있다면 기도와 말씀을 위한 과정일 뿐이다. 아주 강력한 기도회를 하라. 기도하다 죽어도 좋을 기도회를 하라. 대충하다가 그만 둘 기도회라면 차라리 하지 마라. 기도하다가 아이들이 하나님을 만나는 강력한 체험을 하도록 해야 한다. 기도를 하면 은혜가 무엇인지를 알 수 있다. 스펄전 목사님은, "기도하지 않고 성공했다면 성공한 그것 때문에 망하리라"고 했다. 우리가 기도하지 않고 부흥했다면 그것 때문에 우리가 망할 수 있다는 것을 생각해야 한다. 진정 부서가 부흥하길 원한다면 죽을 각오로 기도하라.

먼저 교사들이 기도하라. 그리고 그 기도의 불길이 아이들에게 전달되도록 하라. 아이들에게 기도와 함께 영적인 전쟁이 시작되었음을 알리고 선포하라.

인간은 나이가 많고 적음을 떠나서 모두 죄성을 가지고 있는 존재이기에 쉽게 익숙함에 길들여지고 편안함에 길들여진다. 하지만 죽을 각오로 기도에 매달리는 사람은 영적 전쟁에서 승리하는 법을 배우게 될 것이다.

그리고 말씀을 전하라. 말씀을 전하는 것에 목숨을 걸어라. 설교를 하다가 죽어도 좋다는 각오로 단상에 올라가라. 그러면 나머지는 하나님이 하실 것이다.

우리가 사자가 되는 것이 어려운 만큼 사자 새끼를 키우는 것 역시 쉽지 않다. 하지만 분명한 사실은 이 모든 것을 가능케 하는 것은 말씀과 기도라는 것이다. 단순히 공과 시간에 지식을 전하는 것으로 우리가 할 일을 다 했다고 할 수 있겠는가? 절대로 아니다. 하다가 중도에 포기할 것은 처음부터 하지 마라. 그러나 시작했으면 절대로 중도에 포기하지 마라. 기대하자. 아이들이 강력한 하나님의 백성으로 살아가기를. 이 땅의 아이들이 영적인 사자가 되어 포효하며 살아가기를. 이것이 우리가 할 일이 아니겠는가?

청소년 개척 교회를 시작하라

내가 꿈꾸는 교회는 목사가 없어도 잘 되는 교회이다. 그렇다고 해서 사역자 무용론을 주장하는 것은 아니다. 그만큼 교사와 학생의 역할이 중요하다는 말이다. 실제 셀 목회를 하다보면 교사보다 더 강력한 리더십을 가진 학생, 목사보다 나은 리더십을 가진 교사를 보게 된다. 문제는 평신도가 가진 한계이다. 그 한계를 교회 안에서는 뛰어넘기가 쉽지 않다. 교회 안에서 이것을 뛰어넘을 수 있는 구조를 만들어 준다면, 강력한 평신도 리더십과 더불어 학생들의 놀라운 리더십도 보게 될 것이다.

무엇보다 구조를 만들어야 한다. 보호 장치가 있는 구조를 말이다. 그 안에서는 무엇을 해도 다 가능한 그러한 구조를 만들어 주어야 한다. 학생들에게 교회는 왠지 엄숙하고, 잘못이라도 하면 큰 벌을 받을 것 같은 무게감이 느껴지는 곳이다. 하지만 아이들만의 공간이나 시간을 만들어주면, 아이들이 그 안에서 엄청난 가능성을 가지고 자기들만의 능력을 펼쳐가는 것을 보게 된다. 문제는 그러한 광경을 지켜보는 어른들의 시각이다. 철없는 아이들의 골치 아픈 시간낭비 정도로만 그것을 보게 된다면 아이들은 더이상 설 자리가 없게 되는 것이다. 교사 역시 마찬가지다. 교사가 무슨 일을 하려고 해도 당장 눈치를 보게 되는 것이 목사님이나 부장님이다. 그런 구조 속에서는 무슨 일을 기획하고 실행한다는 것은 여간 어려운 일이다. 그러다보니 결국 내 일이 아닌 남의 일처럼 여기게 되고, 교회 일은 목사나 하는 일이라 생각하여, 작은 일 하나를 맡겨도 힘들게 겨우 해내는 구조로 전락하고 만다. 바로 이것이 우리의 현실이자 부서 사역 자체가 축소될 수밖에 없었던 아주 중요한 이유이다.

그래서 우리가 만들어낸 것이 개별적인 개척 구조 개념이다. 이것은 담당자 스스로가 무언가를 결정하고 실행할 수 있도록, 작은 개척 교회의 체계를 그대로 갖추게 하는 구조이다. 그리고 평신도가 조직에 대한 모든 책임과 실행 능력을 가지게 된다. 이 일이 작은 것 같지만 결코 작지 않다. 아주 강력하고도 커다란 일이다. 여러분의 교회가 이러한 구조의 의미와 조직을 이해하고 실행한다면 강력한 부흥을 경험하게 될 것을 나는 분명히 확신한다. 다음은 안산동산교회의 중등부 조직을 기존의 구조와 비교하여 설명한 것이다. 교회 규모를 먼저 생각하지 말고 그 정신을 염두하여 보기를 바란다.

■ 기존의 조직 방식

1. 한 사람이 리더를 하는 방식:

대개의 교회는 한 명의 부장 체제로 운영된다. 이러한 조직 운영은 200명 정도의 인원에는 적당하다. 하지만 어느 정도의 인원 이상이 되면 무겁고 둔한 조직으로 변한다. 무겁다는 것은 조직 운영이나 결정, 이행 등이 상당한 시간을 요하거나, 교사들의 일하는 능력이 자꾸 퇴보하게 만드는 결과를 가져온다.

2. 방관자적인 참여방식:

조직이 무거워지다보면 당연히 방관자가 생기게 마련이다. 책임을 회피하는 경우가 나타나고, 섬김의 장이 없어지는 현상으로 인해 봉사하는 사람들이 뒤로 물러나 숨는 경우가 생기게 된다.

3. 공산주의 방식:

명령하달식의 구조는 사람들의 의욕을 꺾고, 시간이 빨리 지나가기만을 기다리는 사람을 양산해 낸다.

4. 혼자의 방식

혼자 열심히 하는 리더는 반드시 지친다. 그리고 리더의 열정이 오히려 조직을 해칠 수 있다.

■ 안산동산교회 조직 방식

1. 다자간 리더의 방식 :

리더는 혼자보다는 사람들과 같이 한다는 생각을 가져야 한다. 즉 동역자 의식을 갖는 것이다. 마을장과 촌장을 중심으로 중등부 리더 조직을 이끌어 간다.

2. 참여자 중심의 방식 :

방관자가 아닌 참여자 중심의 조직을 이어간다. 학생과 교사가 모두 같은 주인의식을 가지고 사역에 동참한다.

3. 자본주의 방식 :

공산주의는 70년 만에 그 막을 내렸다. 하지만 자본주의는 내 것이라는 소유 의식과 인간의 기본 심리를 바탕으로 지금도 여전히 건재하다. 학생들을 내 자식으로 생각하게 되면 모든 것이 가능해진다. 반 모임은 기본이며, 그 기본을 돕는 것이 촌이다.

4. 마을과 촌 단위의 방식 :

촌을 중심으로 하나의 교회가 형성되면 독립적인 활동을 지원해준다. 모든 활동의 가장 큰 단위는 마을이며, 마을은 200명 정도의 인원으로 구성되어 하나의 공동체를 형성한다.

■ 조직의 명칭과 방식

- ▶ 반 : 모든 중등부 조직의 기본
- ▶ 촌 : 6개 이상의 반이 모여 형성된 교회.
  결정과 이임, 섬김이 모두 이루어진다.
- ▶ 마을 : 4~6개 이상의 촌이 모인 집합체. 1명의 마을장이 있으며, 2명이 1년씩 돌아가며 섬긴다.

▷ 반 구성

① 한 명의 교사와 학생들로 구성된 소그룹

② 반 인원이 많아졌을 때는 분반하는 것을 원칙으로 하며 패밀리 개념으로 분반을 시도한다.

③ '패밀리'라는 의미는 원래의 반(처음 부흥의 원인이 된 반)에서 분리되어 나오는 각 반을 지칭한다. 이것은 촌 안에서 형성되는 동일한 반의 확장 개념이다.

▷ **촌 구성**

① 6개 반을 하나의 촌으로 편성하며, 그 안에 촌장 교사와 촌 교사를 둔다. 학생 리더(큰 조직 안에서의 회장 격)와 각 반 반장(반 대표)을 세운다.

② 약 40~50명의 중그룹(개척교회 형식)을 형성한다. 다시 말해 아예 별개의 교회 형태로 구성하는 것이다.

③ 그 조직은 아래와 같이 구성된다.

- 촌장 교사(목사 격) – 3년 책임제(인사권/재정권)

- 반 담당교사(교사)

- 새신자 담당교사(새신자부)

- 학생 리더(회장)

- 반장(반 대표)

- 학생(반 구성원)

④ 촌에서 하는 일은 다음과 같다.

- 새신자 환영

- 생일 축하

- 비디오 상영 같은 자체적인 활동 강화

- M.T.

- 촌 자체 식사 모임

- 공과공부

- 광고

⑤ 이것을 가능하게 하기 위해 필요한 작업은 다음과 같다.

- 공간 확보

- 공과시간 확보

- 촌 조직의 자율성 최대한 확보

- 촌장의 자율 권한 강화

- 교사의 촌 조직 효율적 운영 방안(같은 나이별, 같은 지역별)

- 촌장에게 인사권, 재정권 전적으로 위임

- 촌장 직은 3년 책임제(교사 인선 권한 전적으로 위임)

- 촌장 모임 강화

⑥ 장점에는 다음의 것들이 있다.

- 소속감 강화

- 개개인의 신앙 체크 가능

- 촌 별 경쟁구조로 자연스런 전도 활성화

- 교제권 확보

- 교사의 활동 반경 확대

- 새신자 문제 해결(새신자 담당교사 확보)

- 중3 기도회(선·후배간의 관계가 확립됨)

- 찬양 모임 가능

- 기타 모임 가능

　　　- 피드백 가능(교사 학생 간)

　⑦ 진행은 다음과 같은 방법으로 한다.

　　예배 후 ⇨ 교실로 이동 ⇨ 촌 모임(새신자 환영) ⇨ 특별활동 ⇨ 반별 모임 ⇨ 귀가

▷ **마을 구성**

　① 1명의 마을장과 6명 이상의 촌장, 그리고 200명 이상의 학생들로 구성된다. 학생 촌장 역시 촌별로 1명씩 선거로 뽑으며, 학생 마을장은 교사의 추천으로 마을에서 투표로 뽑는다.

　② 교회 행사는 마을을 중심으로 진행되며, 마을장과 촌장의 협의 하에 예산이 집행되고 행사가 기획된다.

　③ 마을장은 각 마을별로 2명이며 1년을 섬긴 다음 다시 반으로 돌아간다. 그 기간에는 각종 마을장 교육에 참여한다.

■ **조직 명칭의 역할 개념**

중등부는 셀을 기본정신으로 한다. 소그룹의 중심은 반이다. 반을 돕기 위해 촌을 형성한다. 촌은 40명 이상의 인원으로 구성된다. 이 인원은 하나의 교

회를 형성하며, 촌장은 교회의 목사와 같은 자격을 갖고 구성원에게 섬김의 본을 다한다. 6개 이상의 촌이 모여 마을을 형성하게 되는데, 200명 정도의 인원으로 구성된 하나의 중그룹이다. 대그룹은 중등부 전체를 지칭한다.

중요한 것은 구조 안에 흐르는 정신이다. 학생이나 교사가 얼마나 행복하게 자원하는 마음으로 일하고 있는가다. 그것을 가능하게 하는 힘은 무엇일까? 이것을 발견하였다면 여러분의 부서는 분명 행복해질 것이다.

3부 이야기로 풀어가는 청소년 코칭

청소년 부흥 이야기
후기

17년 청소년 사역
이야기를 마치며

그날도 중등부 친구초청잔치가 있었다. 많은 아이들이 교회를 찾아왔다. 여러 팀의 공연과 설교, 그리고 찬양 팀의 힘찬 찬양이 다 끝나가고 있을 즈음 나에게 작은 쪽지 하나가 올라왔다. 학생 한 명이 급히 응급실로 실려 갔다는 내용이었다. 중학교 1학년 남자아이가 친구들을 전도해 교회에 데리고 오다가, 너무 신이 난 나머지 버스에서 내리자마자 버스를 앞질러 길을 건너다가 그만 지나가던 봉고차에 치어 응급실에 실려 갔다는 것이었다. 눈 앞이 깜깜해지고 하늘이 무너지는 느낌이었다. 그 아이가 바로 태웅이다. 태웅이는 또래답지 않게 180센티미터의 큰 키에 얼굴도 잘생긴 멋진 아이였다. 그런 아이가 친구를 전도했다는 기쁨에 교회를 그만 서둘러 오려다가 변을 당한 것이다. 얼마나 가슴이 아픈지 모른다.

태웅이는 5년째 병원에 누워 있다. 아직도 태웅이는 의식을 회복하지 못하고 있다. 누워있는 아들을 위해 단 한 번도 믿음을 놓지 않고 기도하는 태웅이 어머니를 보면서 오히려 더 부끄러울 때가 많다. 병원으로 찾아갈 때마다 늘 태웅이에 대한 미안함과 부담감이 있지만 "태웅아, 너는 반드시 일어날 거야!"라고 말하며 간절히 기도한다. 그리고 나는 믿는다. 태웅이가 반드시 일어날 것이라고 말이다. 태웅이를 바라보며 이 땅의 많은 청소년들을 생각하게 된다. 병실에 누워있는 태웅이처럼 이 땅의 청소년들도 많이 아프다. 누군가에게 의지해야 할 아이들이다. 그런 아이들에게 작으나마 힘이 되어주고, 의지가 되어주고 싶다.

나는 논리적인 사람이 아니다. 감성적인 사람이다. 머리보다는 가슴이 먼저 앞서는 사람이다. 그래서 이 글은 '이렇게 하면 된다' 라는 논리적인 이야기가 아니라, 오히려 '해보니까 되더라' 는 내용이며 '뒤돌아보니 이것이 맞다' 라고 이야기하고 싶은 나의 경험의 집합이다. 그래서 이 글은 논리보다는 경험이 앞서는 책이다. '어떻게 하면 한국 교회의 청소년부가 다시 세워질 수 있을까' 라는 고민에서부터 출발한, 복잡하고 난해하지 않는, 실전에 강한 나의 청소년 사역에 대한 경험을 기록한 것이다.

그동안의 사역은 후회함 없는 감사와 기쁨의 시간이었다. 정말 청소년부가 죽었다느니 침체되었다느니 하는 말을 들을 때마다 억

울하고 답답한 심정으로 말을 하고 싶었다. 청소년들은 살아 있다고. 나는 그것을 확인하고 싶었고 또 확인했다. 그래서 그들이 어떻다는 말을 하는 것보다, 우리가 어떻게 해야 하는가를 이야기하고 싶었다. 문제점을 말하기보다, 실제 우리가 서 있는 지금 이 자리에서 어떤 일을 해야 하는가에 더 초점을 맞추고 싶었다. 그래서 이 책은 책상에서가 아니라, 수많은 시행착오를 겪은 사역의 현장에서 나올 수 있었다.

교회 안에 청소년의 수가 점점 감소하는 현실에서 한국 교회가 재부흥하기 위해서는 교회가 진정 교회되는 길밖에 없다. 교회가 세상을 따라가느라 허덕일 것이 아니라, 사람들에게 교회가 진정 무엇이고, 교회가 무엇을 하는 곳인지를 알려주어야 한다. 청소년 사역도 마찬가지이다. 단순히 열정 있는 사역자가 필요한 것이 아니라, 청소년들이 하나님을 가슴에 품도록 하는 사역자가 절실히 필요한 것이다. 피자나 햄버거, 다채로운 프로그램으로 청소년들을 교회에 묶어 두는 사역이 아니라, 아이들과 함께 하나님을 가슴에 품는 삶을 살고자 진지하게 고민하고 씨름하는 그런 사역을 하나님은 애타게 기대하고 계신다.

우리는 우리 자신에게 물어보아야 한다. 과연 우리는 그들을 위해 목숨을 바칠 준비가 됐는가? 죽기를 각오했는가? 우리가 그들을 위하여 죽자. 이 땅에 죽어가는 청소년들을 위해 우리가 죽을 수 있다면…. 그런 사람들이 많이 나왔으면 좋겠다. 그래서 이 땅의 아이들이 행복했으면 좋겠다.

어릴 적 스님이었던 아버지를 따라 나도 스님이 되는 꿈을 키웠었다. 그것이 전부인 양 살았었다. 그런 나를 이 자리에 있게 한 것은 바로 하나님이셨다. 아무것도 모르던 청소년 시절, 한 사람의 헌신이 지금의 나로 이끌었고, 그 뒤에는 하나님이 계셨다. 청소년기의 극심했던 방황에 종지부를 찍게 하신 분이 바로 하나님이시다. 그리고 그분이 보내주신 너무나도 소중한 사람들이 있다. 이 땅의 아이들을 위해 가슴 아파하면서 함께 눈물 흘리며 달려왔던 수많은 선생님들이다. 그들을 기억할 때마다 가슴 벅찬 기쁨을 느낀다. 현장을 떠나온 지금도, 계속해서 그 자리를 지키며 행복해 하고 있는 선생님들을 볼 때마다 감사하다는 말밖에 할 말이 없다.

17년 동안 청소년들만을 바라보며 달려왔다. 그 시간들에 대한, 부족하지만 그동안의 작은 경험을 이렇게 책으로 펴게 되었다. 이제 이 땅의 또 다른 청소년 사도행전을 기록해 나갈 귀한 분들에게 미력하나마 나의 작은 글이 도움이 되었길 바란다.

21c 교회성장과 축복의 통로

교회진흥원은 기독교한국침례회 총회의 교육, 문서선교 기관으로서 교회의 교육, 목회, 선교활동에 관한 실제적인 연구와 프로그램 개발, 기독교 정보를 제공하고, 자료 출판 및 보급사역을 하고 있습니다.

- 각 연령별 교회학교 공과, 구역공과, 제자훈련 교재, 음악도서를 기획, 출판하고 이와 관련된 각종 강습회를 실시합니다.
- 요단출판사를 운영하며 매년 70여 종의 각종 신앙도서와 제자훈련 교재를 기획, 출판합니다.
- 4개의 직영서점을 운영하고 있습니다.

요단출판사의 사역정신

그리스도인들의 올바른 신앙성장과 영성 개발에 필요한 신앙도서를 엄선하여 출판, 보급함으로써 이 땅에 하나님나라 확장을 위해 헌신하고 있습니다.

- **F**or God For Church
  하나님과 교회의 유익을 위하여 도서를 기획 출판합니다.
- **O**nly Prayer
  오직 기도뿐이라는 자세로 사역합니다.
- **W**ay To Church Growth & Blessings
  교회성장과 축복의 통로가 되기 위해 사명을 감당합니다.
- **G**ood Stewardship & Professionalism
  선한 청지기와 프로정신으로 사역합니다.
- **C**reating Christianity Culture & Developing Contents
  각종 문화 컨텐츠를 개발함으로 기독교 문화 창달에 기여합니다.

직영서점

요단기독교서적 교회용품센타 서울특별시 서초구 잠원동 69-14 반포쇼핑타운 6동 2층
TEL 02) 593 · 8715~8 FAX 02) 536 · 6266 / 537 · 8616(용품)

둔산침례회서관 대전광역시 서구 둔산동 1092번지 신둔산 빌딩 2층
TEL 042) 472 · 1919~20 FAX 042) 472 · 1921

대전침례회서관 대전광역시 동구 중동 21-27
TEL 042) 255 · 5322, 256 · 2109 FAX 042) 254 · 0356

부산요단기독교서점 부산광역시 금정구 남산동 374-75 침례병원 지하편의시설(내)
TEL 051) 582 · 5175 (FAX 겸용)

요단인터넷서점 www.jordanbook.com

"그러므로 너희는 가서 모든 민족을 제자로 삼아 아버지와 아들과 성령의 이름으로 침(세)례를 베풀고 내가 너희에게 분부한 모든 것을 가르쳐 지키게 하라 볼지어다 내가 세상 끝날까지 너희와 항상 함께 있으리라 하시니라." _ 마 28:19~20